# 校园文创产品开发与运营实践

张晓磊◎著

经济日报出版社
·北京·

**图书在版编目（CIP）数据**
校园文创产品开发与运营实践 / 张晓磊著. -- 北京 : 经济日报出版社, 2025. 8. -- ISBN 978-7-5196-1598-7
Ⅰ. G640
中国国家版本馆CIP数据核字第2025GR3847号

**校园文创产品开发与运营实践**
XIAOYUAN WENCHUANG CHANPIN KAIFA YU YUNYING SHIJIAN
张晓磊　著

出版发行：经济日报出版社
地　　址：北京市西城区白纸坊东街2号院6号楼
邮　　编：100054
经　　销：全国各地新华书店
印　　刷：文畅阁印刷有限公司
开　　本：710mm×1000mm　1/16
印　　张：14
字　　数：210千字
版　　次：2025年8月第1版
印　　次：2025年8月第1次
定　　价：68.00元

---

**本社网址：www.edpbook.com.cn，微信公众号：经济日报出版社**

# 序言

## 文创时代的校园文化新表达

在当代文化产业蓬勃发展的浪潮中，我们正站在一个文化消费升级与创意经济勃兴的历史交汇点。校园文创正以独特的文化价值与商业潜力，成为推动文化传承与创新的重要力量。大学校园里，那些承载着校史记忆的书签、镌刻着建筑美学的文具、彰显学子精神的服饰，不仅是一件件商品，更是校园文化具象化的生动表达。《校园文创产品开发与运营实践》一书的问世，恰逢其时，以系统化的理论框架和丰富的实践案例，填补了校园文创产品开发与运营实践的空白。

纵观全球，校园文创早已超越简单的纪念品范畴，发展成为内涵丰富、体系完整的文化产业分支。在哈佛大学、牛津大学等世界名校，校园文创产品不仅是学校形象的窗口，更是其文化影响力向社会延伸的重要载体。而在中国，随着文化自信的不断增强与消费市场的升级，校园文创产业迎来了前所未有的发展机遇。独特的教育体系、深厚的文化底蕴，使中国校园文创既具备全球共性，又彰显出鲜明的本土特色。如何挖掘这份特色，将校园文化资源转化为具有市场竞争力的文创产品，正是当前行业发展亟待解决的关键问题。

本书以全景式的视角，对校园文创产业进行了深入剖析。从全球市场的宏观图景，到中国产业的微观特征；从校园文化基因的深度解码，到文创产品设计的创新方法论；从产品开发的全流程管理，到线上线下融合的营销体系构建，每一个章节都凝结着理论与实践的双重智慧。书中特别强调对校园文化 DNA 的挖掘，将校史校训、校园建筑、学生社群文化等元素，通过符号化、美学化的处理，转化为文创产品的核心价值。这种对文化根源的重视，使校园文创产品不再是千篇一律的“流水线产物”，而是真正承载校园精神内核的文化载体。

在实践层面，本书提供了极具操作性的指导。从学生创意团队的组建与培养，到版权保护与商业转化的具体策略；从经典案例的深度剖析，到实践工具箱的贴心配备，每一个环节都紧密围绕校园文创产业的实际需求展开。特别是对“学生创新创业能力培养”“校园文创的社会价值延伸”等议题的探讨，不仅体现了校园文创的教育属性与社会责任，更为行业发展注入了新的内涵与活力。

值得一提的是本书对未来趋势的前瞻性洞察。在元宇宙、人工智能等新技术加速渗透的当下，校园文创正面临着前所未有的变革机遇。书中对数字文创、AI 辅助设计等前沿领域的探讨，为从业者提供了极具启发性的思考方向，也为校园文创产业的可持续发展指明了道路。

校园文创领域对系统性、实用性理论与实践指导有迫切需求。《校园文创产品开发与运营实践》一书的出版，不仅填补了这一领域的空白，更为校园文创从业者、教育工作者以及相关专业学生，提供了一部兼具学术价值与实践意义的参考佳作。相信本书的出版，将为推动校园文创产业的高质量发展，贡献重要的智慧与力量。

期待更多人能够通过这本书，走进校园文创的奇妙世界，在创意与文化的碰撞中，创造出更多承载校园记忆、传递文化温度的优秀作品，让校园文化在创意中生生不息，在传承中不断创新，成为文创时代的校园文化新表达。

# 目录

CONTENTS

# 第一章

# 校园文创产业现状分析

近年来，校园文创产业呈现出蓬勃发展的态势。随着高校对校园文化建设的重视程度不断提高，以及消费者对文化创意产品的需求日益增长，校园文创市场规模持续扩大。从早期简单的印有校徽、校名的文具、纪念品，逐渐拓展到涵盖服饰、饰品、家居用品、数码周边等多品类的丰富产品线。以部分知名高校为例，如北京大学、清华大学等，其文创产品销售额逐年攀升，一些热门文创单品甚至出现供不应求的情况。不仅是国内高校，国际上如美国的哈佛大学、斯坦福大学等，其授权商品市场也十分成熟。据国际授权业协会数据，美国大学类别授权总零售额在 2014 年就达到 38.8 亿美元，其中包含大量带有高校商标的文创商品。这表明校园文创产业在全球范围内都具有广阔的市场前景，且随着消费升级和文化产业的整体发展，预计未来仍将保持较高的增长率。

# 第一节
# 全球校园文创市场发展概况

在文化创意产业蓬勃兴起的大背景下，校园文创作为其中极具活力与潜力的细分领域，正以独特的魅力在全球范围内绽放光彩。校园文创产品不仅是校园文化的生动载体，更是连接学校与师生、校友以及社会大众情感的重要纽带。不同国家和地区的校园文创市场展现出丰富多样的发展态势，呈现出独特的地域特色与文化内涵。

## 一、北美市场：成熟商业体系下的多元发展

### （一）美国：品牌驱动，市场高度成熟

美国的校园文创市场堪称全球典范，拥有一套成熟且完善的商业体系。众多知名高校如哈佛大学、斯坦福大学、麻省理工学院等，在校园文创领域表现卓越，不仅极大地传播了学校的品牌形象，还创造了可观的经济效益。

哈佛大学的 COOP 纪念品店无疑是行业的标杆。该店构建了极为丰富的产品矩阵，涵盖服饰、文具、生活用品等多个品类。仅 T 恤这一品类，就拥有超过 100 种设计款式，满足了不同消费者的个性化需求。其成功的关键在于对校园文化符号的深度挖掘与转化。校徽、校训以及标志性建筑哈佛园等元素，被巧妙地融入到各类产品的设计之中。此外，通过与 Champion、

Adidas 等知名运动品牌的联名合作，推出的“哈佛红”系列运动服饰，将校园精神与时尚运动完美结合，不仅提升了产品的品质感，更借助合作品牌的影响力扩大了市场份额，年销售额突破 2000 万美元。

斯坦福大学则充分发挥其“硅谷创新基因”的优势，推出的“创业校友”主题盲盒独具匠心。盲盒内包含创业故事手册、限量版校徽徽章等物品，精准地抓住了校友群体的情感需求，引发了强烈的情感共鸣，复购率高达 38%。这种将校园文化与特定主题深度融合的文创产品，不仅为学校带来了经济效益，更成为传播学校文化与价值观的有力工具。

### （二）加拿大：注重文化传承，产品特色鲜明

加拿大的校园文创市场在发展过程中，十分注重对本土文化以及学校历史文化的传承与展现。各高校的文创产品往往带有浓郁的地域特色和校园文化印记。

多伦多大学作为加拿大顶尖学府，其文创产品在设计上巧妙地融合了学校古老建筑的元素以及加拿大独特的多元文化。例如，一款以该校标志性建筑哈特之家为原型设计的金属书签，采用精致的工艺制作，不仅具有实用价值，更成为了传承校园历史文化的纪念品。此外，多伦多大学还推出了一系列体现加拿大原住民文化的文创产品，如印有原住民传统图案的毛毯、饰品等，在传播校园文化的同时，也促进了对本土多元文化的保护与传承。

英属哥伦比亚大学则充分利用其所处的优美自然环境，将校园周边的山脉、海洋等自然景观融入到文创产品设计中。一款以校园附近海湾景色为背景的拼图，深受学生、校友以及游客的喜爱，既展现了学校的独特地理位置，又为消费者带来了美好的视觉体验。

## 二、欧洲市场：历史文化与现代设计的完美交融

### （一）英国：名校引领，传统与创新并行

英国拥有悠久的历史和深厚的文化底蕴，其高校的校园文创市场在这样

的背景下发展得如火如荼。剑桥大学和牛津大学作为世界顶尖学府，在校园文创领域发挥着引领作用，将传统与创新完美结合。

剑桥大学的文创产品以“学院制”为显著特色。以学院徽章为主题开发的珐琅胸针、帆布包等产品，不仅设计精美，更蕴含着深厚的学院文化内涵。其中，“剑桥包”作为经典文创单品，以其简约而优雅的设计、高品质的制作工艺，成为了全球知名的文化符号。这种包袋不仅在校园内广受欢迎，还在时尚界掀起了一股热潮，众多时尚人士纷纷追捧，进一步提升了剑桥大学文创产品的全球影响力。

牛津大学则注重与英国传统工艺品牌的合作，将哥特式建筑纹样等校园特色元素转化为手工刺绣，应用于围巾、笔记本等产品上。这些产品不仅具有极高的艺术价值，更通过精湛的传统工艺展现了学校的历史文化底蕴。其产品价格定位较高，客单价通常在 80~200 英镑之间，成为文化礼品市场的高端代表，满足了消费者对于高品质、高文化附加值产品的需求。

### （二）德国：工业设计美学主导，品质至上

德国高校的校园文创产品充分体现了德国的工业设计美学理念，以简洁、实用、高品质著称。柏林洪堡大学推出的“科学史”系列文具，将爱因斯坦手稿、量子物理公式等科学元素转化为独特的视觉符号，融入到笔记本、笔、文件夹等文具设计中。这些产品在满足实用功能的同时，还能够激发学生对科学知识的探索兴趣，让消费者在使用过程中感受科学与艺术的融合之美。

慕尼黑工业大学的文创产品则围绕其在工程技术领域的优势展开设计。一款以汽车发动机模型为原型制作的钥匙扣，采用金属材质，经过精细的加工工艺，不仅造型逼真，而且质感十足，深受工科学生以及汽车爱好者的喜爱。德国高校的文创产品在生产过程中严格把控质量，注重每一个细节，以高品质赢得了消费者的信赖，树立了良好的品牌形象。

### （三）法国：艺术氛围熏陶，文创产品充满浪漫气息

法国浓厚的艺术氛围为校园文创市场的发展提供了得天独厚的土壤。法

国高校的文创产品往往充满了浪漫、优雅的艺术气息。

巴黎的索邦大学作为法国文化教育的象征，其文创产品在设计上充分展现了法国的浪漫主义情怀和丰富的艺术遗产。一款以巴黎圣母院为背景，融合索邦大学校徽元素设计的明信片，采用精美的印刷工艺，将建筑的宏伟与艺术的细腻完美呈现，成为游客和学生喜爱的纪念品。此外，索邦大学还推出了一系列与文学、艺术相关的文创产品，如印有著名作家名言的笔记本、艺术画作衍生的装饰画等，满足了消费者对于文化艺术的追求。

巴黎国立高等美术学院的文创产品更是艺术的结晶。学院将教师和学生的优秀艺术作品进行衍生开发，制作成限量版的艺术海报、画册、雕塑摆件等文创产品。这些产品不仅具有极高的艺术价值，更是学院艺术教育成果的展示窗口，吸引了众多艺术爱好者的关注和收藏。

## 三、亚洲市场：地域文化与科技赋能共促发展

### （一）日本：动漫 IP 与校园文化深度融合

日本的校园文创市场在动漫产业的带动下呈现出独特的发展模式，动漫 IP 与校园文化的深度融合成为其显著特点。众多高校借助日本强大的动漫文化影响力，开发出一系列深受欢迎的文创产品。

东京大学与吉卜力工作室合作推出的“校园风”动漫周边产品取得了巨大成功。其中，“千与千寻”主题笔记本将动漫中的经典场景与东京大学校园元素巧妙结合，精美的插画和独特的设计吸引了大量学生和动漫粉丝的购买。校徽造型的龙猫玩偶更是成为了爆款产品，其可爱的形象和高品质的制作工艺赢得了消费者的青睐，年销售额超过 10 亿日元。这种将热门动漫 IP 与校园文化相结合的方式，不仅提升了校园文创产品的知名度和吸引力，还借助动漫的传播力扩大了学校的影响力。

京都大学则注重挖掘自身的历史文化与日本传统美学，推出了一系列具有浓厚和风特色的文创产品。以日本传统建筑风格设计的校园风景明信片、印有樱花和传统图案的手帕等产品，将京都大学的古朴与日本传统美学完美

融合，展现了独特的地域文化魅力，深受国内外游客的喜爱。

### （二）韩国：依托韩流文化，打造时尚文创品牌

韩国的校园文创市场依托韩流文化的全球影响力，迅速崛起并形成了独特的发展路径。众多高校通过与韩流明星、娱乐公司合作，推出了一系列时尚、潮流的文创产品，吸引了大量年轻消费者。

首尔大学与知名韩国流行音乐团体防弹少年团（BTS）合作推出的限量版卫衣，将学校的标志与 BTS 的元素巧妙融合，设计时尚且富有个性。这款卫衣一经推出，便在全球范围内引发了粉丝的抢购热潮，单月销量突破 5 万件。通过与韩流文化的结合，首尔大学的文创产品成功破圈，不仅提升了学校的知名度，还为校园文创市场注入了新的活力。

韩国延世大学的文创产品则注重打造校园专属的时尚品牌形象。学校推出的“延世风”系列服饰、饰品等产品，以简洁时尚的设计、高品质的面料和制作工艺，受到了学生和年轻消费者的喜爱。延世大学还通过举办校园时尚秀等活动，展示其文创产品的设计理念和时尚魅力，进一步提升了品牌的影响力。

### （三）中国：政策支持下的快速崛起与创新发展

近年来，在中国政府大力推动文化产业发展的政策支持下，校园文创市场呈现出蓬勃发展的态势。各高校纷纷加大对校园文创的投入，挖掘学校的历史文化资源，结合现代创意设计和科技手段，推出了一系列具有特色的文创产品。

清华大学的“清华印象”品牌在国内校园文创领域具有广泛影响力。该品牌以清华大学的历史文化为核心，开发出涵盖多个品类的文创产品。校庆限量版“二校门”金属模型，通过精湛的工艺还原了学校标志性建筑的细节，具有极高的收藏价值，单品销量突破 10 万件。此外，清华大学还积极运用数字技术，推出了“清华简”数字文创产品，基于区块链技术发行的数字版画，每幅作品都附有唯一的区块链证书，不仅实现了文化传承与创新，还拓展了

校园文创产品的市场空间。

武汉大学的“樱花季”文创产品则巧妙地将校园特色景观与文化活动相结合。通过对樱花形态、赏樱路线、历史记忆等元素的深入挖掘，开发出樱花酥、樱花手账、AR 明信片等一系列产品。在樱花季，通过线上线下的联合推广，相关话题在社交媒体上引发了广泛关注，微博阅读量超过 10 亿次，带动校园参观人次增长 40%，2023 年销售额达到 1200 万元，成为国内校园文创产品开发与营销的成功案例。

### （四）其他亚洲国家和地区：各具特色，百花齐放

新加坡的高校在校园文创产品开发中注重体现多元文化融合的特色。新加坡国立大学的文创产品将新加坡的多元种族文化、现代建筑与校园精神相结合，推出了具有独特设计风格的文具、服饰等产品。例如，一款融合了马来传统图案、华人书法元素以及新加坡地标建筑鱼尾狮形象的笔记本，展现了新加坡丰富的文化内涵，深受学生和游客的喜爱。

中国台湾省的高校文创注重“在地化叙事”，将台湾省文化元素融入到产品设计中。台湾师范大学开发的“台湾 DNA”系列产品，把高山族图腾、夜市美食等具有台湾特色的元素与校园文化相结合，设计出富有创意的文具、饰品和生活用品。这些产品不仅在校园内广受欢迎，还成为了游客了解台湾文化的重要窗口，在旅游纪念品市场上取得了良好的销售成绩。

印度的高校文创产品则充分展现了印度丰富的历史文化和传统艺术。印度理工学院推出的以印度传统绘画艺术“细密画”为灵感设计的笔记本、书签等文创产品，将复杂精美的绘画图案与现代设计相结合，具有浓郁的印度风情。这些产品不仅满足了学生对文化产品的需求，还在一定程度上推动了印度传统艺术的传承与发展。

## 四、全球校园文创市场的发展趋势与挑战

### （一）数字化转型加速，虚拟文创产品兴起

随着科技的飞速发展，数字化转型成为全球校园文创市场的重要趋势。虚拟现实（VR）、增强现实（AR）、区块链等技术在校园文创领域的应用日益广泛，推动了虚拟文创产品的兴起。

麻省理工学院推出的“虚拟校园漫游”数字藏品，利用 VR 技术为用户提供沉浸式的校园参观体验。用户通过佩戴 VR 设备，仿佛置身于校园之中，可以自由参观校园内的各个角落，包括一些平时不对外开放的实验室。这种创新的数字藏品不仅为用户带来了全新的体验，还具有独特的收藏价值，2000 份数字藏品上线后迅速售罄。

区块链技术则为数字文创产品的版权保护和交易提供了可靠的解决方案。许多高校开始利用区块链技术发行数字文创产品，如数字画作、音乐作品、虚拟形象等。每一件数字文创产品都拥有唯一的区块链证书，确保其真实性和所有权的可追溯性，为数字文创市场的发展奠定了坚实的基础。

### （二）可持续发展理念深入人心，环保文创产品备受青睐

在全球倡导可持续发展的大背景下，校园文创市场也积极响应这一理念，越来越多的高校和文创企业开始注重环保材料的使用和产品的可持续性设计。

剑桥大学采用再生塑料制作校徽钥匙扣，不仅降低了生产成本，减少了对环境的污染，还获得了欧盟生态标签认证。这种环保型文创产品的推出，既符合现代消费者对环保产品的需求，又提升了学校在可持续发展方面的形象。

许多高校还鼓励学生参与环保文创产品的设计与开发。例如，美国的一些高校举办环保文创设计大赛，要求学生利用废弃材料设计制作文创产品。这些作品不仅富有创意，还体现了对资源回收利用和环境保护的关注，进一步推动了可持续发展理念在校园文创领域的传播。

### （三）跨界合作频繁，拓展文创产品边界

为了满足消费者日益多样化的需求，全球校园文创市场的跨界合作愈发频繁。高校与品牌企业、艺术家、设计师、科技公司等展开广泛合作，共同开发具有创新性和独特性的文创产品，拓展了校园文创产品的边界。

科技公司与高校的合作也为校园文创产品带来了新的活力。例如，谷歌与斯坦福大学合作，利用人工智能技术开发了一款校园文化互动 App。用户通过手机扫描校园内的建筑、雕塑等物体，即可获取相关的历史文化信息，并通过 AR 技术观看虚拟的校园历史场景重现，极大地丰富了用户对校园文化的了解和体验方式。

### （四）文化冲突与融合并存，跨文化设计面临挑战

在全球化的进程中，校园文创产品的跨文化传播日益频繁，这既带来了文化融合的机遇，也引发了文化冲突的挑战。如何在跨文化设计中准确把握不同文化的内涵和特点，避免因文化误解而导致的设计失误，成为全球校园文创市场面临的重要问题。

一些高校在与其他国家或地区的合作项目中，由于对对方文化的理解不够深入，导致文创产品在设计上出现了文化元素堆砌、解读错误等问题。

为了应对这一挑战，许多高校和文创企业开始加强对跨文化设计的研究和人才培养。通过开展跨文化交流活动、邀请不同文化背景的设计师参与项目等方式，增进对不同文化的理解和尊重，提高跨文化设计的水平，确保校园文创产品在全球市场上能够准确传达文化信息，避免文化冲突。

综上所述，全球校园文创市场在不同国家和地区呈现出各具特色的发展态势，同时也面临着一系列共同的发展趋势与挑战。随着全球文化交流的日益频繁和科技的不断进步，校园文创市场有望在传承和弘扬校园文化的基础上，进一步创新发展，为全球消费者带来更多丰富多彩、富有文化内涵的文创产品。

# 第二节
# 中国校园文创产业的特殊性

中国校园文创产业在全球文创市场中独树一帜，其发展既受益于国家政策的强力推动、深厚文化底蕴的滋养，也与独特的社会环境和消费市场紧密相关。相较于其他国家，中国校园文创产业在发展模式、产品特色、市场需求等方面展现出鲜明的特殊性，走出了一条具有中国特色的发展道路。

## 一、政策驱动下的爆发式增长

### （一）政策体系的全面支持

近年来，我国政府将文化产业视为推动经济转型升级、增强国家文化软实力的重要力量，出台了一系列政策支持校园文创产业发展。国务院发布的《“十四五”文化发展规划》明确提出“推动校园文化与创意产业融合发展”，为校园文创产业指明了发展方向。教育部先后认定两批共 100 所“全国高校文化创意产业试点单位”，通过树立标杆，引导更多高校参与到文创产业建设中。中央财政设立专项基金，为高校文化 IP 开发、文创产品设计生产等环节提供资金支持，降低了高校发展文创产业的门槛和风险。

在地方层面，各省市也积极响应，纷纷出台配套政策。例如，北京市发布《关于推进文化创意产业创新发展的意见》，设立文创产业发展专项资金，对高校文创项目给予补贴；上海市推出“文创 50 条”政策，鼓励高校与文创企业合作，促进产学研深度融合。这些政策形成了从国家到地方的完整政策体系，为中国校园文创产业的爆发式增长奠定了坚实基础。

### （二）市场规模的快速扩张

政策红利的释放直接催生了中国校园文创市场的爆发式增长。2018—2023 年，中国校园文创市场规模从 48.7 亿元跃升至 212.5 亿元，年复合增长率达 34.6%，远高于同期文化产业 12%的平均增速。这一增长速度在全球范围内都极为罕见，凸显了中国校园文创产业的强劲发展势头。

头部高校在市场增长中发挥了引领作用。清华大学“清华印象”品牌涵盖文具、服饰、家居用品等 8 大产品线 2000+SKU，2023 年销售额达 8600 万元；北京大学文创中心开发的“未名湖”系列文创，通过 AR 技术实现校景动态还原，年复购率达 45%。这些高校凭借强大的品牌影响力和优质的文创产品，不仅实现了自身文创产业的快速发展，还带动了整个行业的繁荣。

### （三）区域发展的不平衡性

尽管中国校园文创产业整体发展迅速，但区域之间存在明显的不平衡性。京津冀、长三角、粤港澳大湾区三大城市群集中了全国 72%的高校文创产值。北京依托 58 所高校的丰富文化资源，形成了以故宫文创、高校 IP 为核心的文化消费圈；上海高校文创产业借助长三角产业链优势，在设计研发、智能制造、跨境电商等环节形成专业分工。

相比之下，中西部地区由于经济发展水平相对较低、文化产业基础薄弱，校园文创产业发展速度较慢，市场规模较小。不过，部分中西部高校也在积极探索特色发展之路，如四川大学结合蜀锦、蜀绣等地域文化开发文创产品，兰州大学以敦煌文化为依托推出相关文创产品，通过挖掘地方特色文化，在校园文创市场占据一席之地，逐渐缩小与东部地区的差距。

## 二、文化资源的深度挖掘与转化

### （一）校史文化的深度解读与应用

中国高校大多拥有悠久的历史和深厚的文化底蕴，校史文化成为校园文创开发的重要源泉。各高校深入挖掘校史中的重大事件、杰出人物、传统精神等元素，并将其转化为文创产品。清华大学将校史中的西南联大南迁历史转化为金属模型、纪念徽章等产品，校庆限量版“二校门”模型单品销量突破 10 万件，让校史故事以实物形式得以传承和传播。

通过对校史文化的深度解读，高校不仅赋予了文创产品丰富的文化内涵，还增强了师生和校友的认同感与归属感。北京师范大学以“木铎金声”的校史文化为主题开发餐盒，将校史元素融入设计，复购率达 78%，使校史文化在日常生活场景中得到生动展现。

### （二）地域文化与校园文化的融合创新

中国地域辽阔，各地文化特色鲜明。许多高校将地域文化与校园文化相融合，打造出具有独特魅力的文创产品。四川大学将蜀锦、蜀绣等四川地域文化与校园文化相结合，开发出精美的刺绣文创产品；兰州大学以敦煌文化为灵感，推出带有敦煌飞天纹样的文创产品，这些产品既展现了地域文化的独特魅力，又彰显了校园文化特色，实现了地域文化与校园文化的融合创新。

### （三）传统文化的传承与现代转化

中国拥有灿烂的传统文化，高校在校园文创开发中积极承担起传承和弘扬中华优秀传统文化的责任。许多高校将传统文化元素与现代设计理念相结合，使传统文化在校园文创产品中焕发出新的活力。故宫博物院与高校合作推出的文创产品，将故宫的传统文化元素与高校的学术文化相结合，受到市场广泛欢迎。

一些高校还将传统工艺应用于文创产品制作中。福州大学的录取通知书采用浦城剪纸非遗元素，以“福七子”图案象征七个校区紧密团结，传递传统文化价值，引发媒体广泛报道，带动浦城剪纸产业曝光量增长300%，成为“非遗进校园”的典型案例。这种对传统文化的传承与现代转化，不仅丰富了校园文创产品的文化内涵，也为传统文化的传承和发展开辟了新途径。

## 三、消费市场的分层与差异化需求

### （一）Z世代学生：情感消费与个性化追求

Z世代（1995—2009年出生）学生成为中国校园文创消费的主力军，他们的消费需求呈现出鲜明的特点。Z世代注重情感消费，对文创产品的情感价值赋值远超实用价值，68%的受访学生表示“会为承载校园记忆的设计买单”。浙江大学“求是鹰”卡通形象衍生的盲盒产品，通过埋藏校史知识卡片的设计，使产品复购率提升至35%；上海交通大学开发的“饮水思源”智能水杯，内置NFC芯片可读取校史故事，客单价从普通水杯的30元提升至128元，溢价率达327%。

同时，Z世代追求个性化，拒绝标准化产品，34%的受访者愿意为专属定制支付溢价。中国人民大学推出的“学号定制钢笔”，支持刻字服务和院系专属配色，预订周期长达8周；哈尔滨工业大学开发的“卫星零件”文创，将退役卫星的钛合金材料制成钥匙扣，附专属编号和航天证书，单价899元仍供不应求。

### （二）校友群体：情感怀旧与高端收藏

校友群体对校园文创产品有着深厚的情感需求，他们通过购买校园文创产品来回忆在校时光，寄托对母校的思念之情。校庆纪念版文创产品、毕业纪念品等，因其具有独特的纪念意义和稀缺性，成为校友们的热门选择。这些产品往往承载着校友们的青春记忆和校园情怀，具有较高的情感价值和收藏价值。

校友群体对文创产品的价格敏感度相对较低，更注重产品的品质和文化内涵。清华大学推出的校庆金箔画等高端收藏级文创，受到校友们的青睐；部分高校为校友定制的专属毕业纪念册、纪念徽章等，也成为校友们珍藏的物品，通过这些文创产品，校友与母校之间的情感纽带进一步加深。

### （三）社会大众：文化猎奇与 IP 赋能

随着中国文化产业的发展和社会对文化消费关注度的提高，越来越多的社会大众开始关注校园文创产品。社会大众购买校园文创产品，主要是出于对高校文化底蕴的认同和对高品质文化产品的审美追求。一些具有特色专业、悠久历史或知名校友的高校，其文创产品在社会上具有较高的知名度和吸引力。

名校联名款文创产品备受社会大众喜爱，如北大与故宫文创的联名产品，将两大 IP 的优势相结合，吸引了众多消费者；学科特色产品也具有独特魅力，中央戏剧学院的戏剧脸谱盲盒，展现了戏剧文化的独特魅力，受到文化爱好者的追捧。社会大众对文创产品的设计感、艺术性和文化内涵要求较高，同时也关注产品的实用性和品牌价值。

## 四、产业生态的本土化构建

### （一）高校主导的资源整合模式

在中国校园文创产业发展过程中，高校发挥着主导作用。许多高校成立了专门的文化创意中心、IP 授权管理办公室等机构，系统梳理校史文物、学科成果、校园符号等文化资源，为文创开发提供了丰富素材。同济大学成立“百年校史数字资源库”，收录 1907 年建校以来的 2 万余件历史素材，为文创开发奠定了坚实基础。

高校还积极组织校内师生参与文创产品设计开发，将文创产业与教学实践、学术研究相结合。中央美术学院将文创产品开发与教学实践紧密结合，委托设计学院教授建立文创设计课题，组织学生参与产品设计研发，优秀的设计作品经过筛选后直接转化为实际产品进行生产销售，形成了“教学—产品—市场反馈—教学改进”的良性循环。

### （二）校企合作的协同发展机制

校企合作是中国校园文创产业发展的重要模式。高校与专业文创企业、设计公司、电商平台等开展合作，充分发挥各自的优势。高校提供校园文化元素、品牌授权和学术支持，合作方负责产品的设计研发、生产制作、市场营销和渠道拓展。

新疆农业大学与企业合作，成立校园文创联合开发中心。双方以新疆农业大学的校园文化和新疆地域文化为基础，开发出一系列具有浓郁民族特色和校园特色的文创产品，包括融合新疆传统非遗技艺的手工艺品、校园特色农产品周边等，并通过线上线下相结合的销售渠道进行推广。这种校企合作模式实现了校园文化资源与市场运营能力的优势互补，提高了文创产品的开发效率和市场竞争力。

### （三）立体多元的销售渠道建设

中国校园文创产业构建了“校内实体店+电商平台+社交新零售”的立体多元销售渠道。校内实体店是校园文创产品销售的重要阵地，方便师生购买。同时，越来越多的高校注重电商平台建设，在天猫、京东等主流电商平台开设官方旗舰店。复旦大学“复旦文创”官方旗舰店在天猫、京东等平台开设，2023 年“毕业季”营销活动实现单月交易总额 300 万元。

社交新零售渠道也成为校园文创产品销售的新增长点。高校通过微信公众号、微博、抖音等社交媒体平台进行产品宣传和营销，开展直播带货活动。中国传媒大学通过抖音直播带货，将“广院肉饼”IP 衍生的文创食品打造成现象级产品，单场直播观看量超 50 万人次。这种立体多元的销售渠道建设，拓宽了校园文创产品的销售范围，提高了产品的市场覆盖率。

## 五、面临的挑战与未来展望

### （一）现存挑战

尽管中国校园文创产业取得了显著成就，但也面临诸多挑战。文化资源转化效率低下是突出问题，78%的高校尚未建立完整的文化 IP 库，校史故事、学科成就等优质资源仍以档案形式封存，转化为文创产品的不足 15%，且元素应用多停留在校徽、校名的简单移植上。商业运营能力短板明显，62%的高校依赖校内实体店销售，电商渠道占比不足 30%，直播电商、社群团购等新兴渠道渗透率低于 15%，供应链薄弱导致产品更新率低。专业人才缺口大，全国仅 12 所高校开设文化创意产业相关专业，既懂校园文化又具商业思维的复合型人才年薪达 30 万~50 万元，仍供不应求。

### （二）未来展望

未来，中国校园文创产业有望实现从附属产业到战略支点的转变，文创收入将成为高校社会服务的重要组成部分，头部高校文创年产值预计 2025 年突破 1 亿元。产业发展将从产品思维向生态思维转变，构建“文化资源池—创意孵化器—产业加速器”的全链条生态，如浙江大学正在建设的“紫金港文创产业园”，规划面积达 5 万平方米。同时，依托孔子学院、海外校友会等渠道，中国校园文创产业将加速全球传播，推动校园文创成为文化出海的重要载体，在全球文创市场中展现中国特色与魅力。

# 第三节
# 典型校园文创产品案例分析

校园文创产品作为校园文化的重要载体，以独特的创意和形式展现学校的历史底蕴、精神风貌与文化特色。深入剖析多个典型校园文创产品案例，通过对这些案例在文化元素挖掘、产品设计、营销策略、用户反馈及市场影响等方面的分析，总结成功经验与创新模式，为校园文创产品的开发与推广提供有益参考，助力校园文化的传承与传播，推动校园文创产业的发展。

## 一、清华大学文创产品

### 1. 文化元素挖掘与运用

清华大学历史悠久，文化底蕴深厚，其文创产品深度挖掘校史文化元素。例如，以清华学堂、二校门等标志性建筑为原型，设计出精美的钥匙扣、冰箱贴等产品，将建筑的古典韵味与现代工艺完美融合，精准传达学校的历史记忆与文化传承。清华的校训“自强不息，厚德载物”也频繁出现在各类文创中，如文具、服饰等，成为激励师生及校友的精神象征。

### 2. 产品设计特色

清华文创注重设计创新与品质。在材质选择上，多采用优质金属、环保布料等，确保产品耐用且质感佳。如一款清华主题的笔记本，封面采用皮质材料，触感柔软舒适，内页纸张书写流畅，搭配校园风景插画，兼具实用与艺术价值。其设计风格多元，既有简约现代风，契合当下审美潮流，又有复古风，唤起人们对学校历史的怀念，满足不同消费者的喜好。

3. 营销策略

线上，依托官方网站、社交媒体平台（微信公众号、微博等）进行全方位宣传推广。定期发布文创新品信息、设计背后的故事，举办线上互动活动，如文创设计大赛、话题讨论等，吸引大量粉丝关注与参与，提升品牌知名度与影响力。线下，在校园商店、校内活动（校庆、毕业典礼等）现场设置销售点，方便师生购买。同时，积极参加各类文化创意展会，展示清华文创产品，拓展校外市场，与其他机构合作推出联名款产品，进一步扩大市场份额。

4. 用户反馈与市场影响

清华文创产品深受师生、校友喜爱，成为他们表达对母校情感的重要载体。社会公众也对其高度认可，许多产品成为热门礼品，在文化消费市场具有较高知名度。产品销售额逐年增长，为学校带来可观经济效益的同时，也有力提升了清华的品牌形象，强化了校园文化的传播效果。

## 二、北京大学文创产品

1. 文化元素挖掘与运用

北京大学拥有深厚的人文底蕴，其文创产品围绕未名湖、博雅塔等校园标志性景观以及校徽、百年校庆元素等进行设计。例如，以未名湖四季景色为主题的明信片，生动展现校园的自然风光与人文气息；将校徽融入各类饰品设计，彰显北大身份标识。同时，北大的学术传统、大师精神等文化内涵也通过文创产品得以体现，如以著名学者为原型的书签，传递北大的学术传承。

2. 产品设计特色

北大文创设计风格简约清新，注重细节与文化氛围营造。产品种类丰富，涵盖文具、服饰、生活用品等多个领域。一款北大主题的帆布包，设计简洁大方，以校园建筑线条勾勒图案，搭配清新色彩，既实用又具艺术美感。在产品工艺上精益求精，如徽章采用珐琅工艺，色彩鲜艳、质感细腻，提升产品品质与收藏价值。

3. 营销策略

通过线上官方店铺、社交媒体营销，利用短视频、图文等形式展示产品特色与文化内涵，吸引用户关注与购买。线下在校内设立文创商店，打造舒适的购物环境，举办文创节等活动，集中展示与销售文创产品，增强用户体验。此外，与校外书店、咖啡馆等合作，设置文创产品展示销售点，拓展销售渠道，扩大品牌影响力。

4. 用户反馈与市场影响

北大文创产品在校内营造出浓厚的校园文化氛围，成为学生日常穿搭与学习生活中的亮点。在校外也备受欢迎，许多游客将其作为到访北大的纪念，产品的广泛传播提升了北大的文化品牌形象，促进了校园文化与社会文化的交流融合。

## 三、中国美术学院文创产品

1. 文化元素挖掘与运用

作为艺术院校，中国美术学院的文创产品充分展现了艺术特色与专业优势。以学校的艺术作品、艺术风格为核心元素，如将国画、油画、雕塑等艺术形式融入产品设计。一款以国画山水为图案的丝巾，将传统艺术与时尚配饰相结合，展现出独特的艺术魅力。同时，学校的教学理念、艺术精神等也通过文创产品得以传播，体现美院对艺术的追求与传承。

2. 产品设计特色

设计极具艺术性与创新性，注重将传统艺术与现代设计手法相结合。产品形式多样，除常见品类外，还有艺术摆件、限量版艺术印刷品等。在材质选择上大胆创新，运用如宣纸、丝绸、特殊金属等材质，凸显产品艺术质感。例如，一款以美院雕塑为原型制作的金属摆件，采用 3D 打印技术与精细的表面处理工艺，呈现出逼真的艺术效果，兼具观赏与收藏价值。

3. 营销策略

利用学校的艺术展览、毕业展等活动展示销售文创产品，吸引大量艺术爱好者与专业人士关注。通过线上艺术平台、电商平台进行推广与销售，与艺术博主、网红合作，进行产品宣传与推广。此外，举办文创设计工作坊，邀请学生与社会公众参与，提升品牌知名度与用户参与度。

4. 用户反馈与市场影响

中国美术学院文创产品在艺术领域具有较高知名度，成为艺术爱好者收藏与馈赠的佳品。产品不仅传播了学校的艺术文化，还推动了艺术与生活的融合，促进了艺术衍生品市场的发展，提升了学校在艺术文化产业中的影响力。

## 四、北京电影学院文创产品

1. 文化元素挖掘与运用

北京电影学院围绕电影文化、影视艺术特色挖掘文创元素。以经典电影海报、电影角色形象、电影拍摄场景等为设计灵感，开发出一系列文创产品。如以学院拍摄的经典电影为主题的笔记本，内页穿插电影剧照与剧情介绍，将电影文化与学习用品相结合。同时，学校在电影教育领域的成就、电影人的精神等也融入其中，展现学院在电影行业的引领地位。

2. 产品设计特色

设计风格充满影视艺术氛围，注重营造电影场景感与故事性。产品涵盖文具、饰品、数码周边等，具有较强的实用性与趣味性。一款以电影胶片为造型的钥匙扣，采用金属材质制作，表面印有经典电影台词，既小巧精致又富有创意。在产品包装设计上也独具匠心，采用电影海报风格的包装，增强产品吸引力。

3. 营销策略

借助学校举办的电影节、影展等活动推广文创产品，设置专门的文创产品展示区与销售点。利用线上影视文化平台、社交媒体进行宣传，与影视明星、电影博主合作，通过明星效应与粉丝经济扩大产品影响力。此外，推出定制化服务，为电影剧组、影视公司定制专属文创产品，拓展业务范围。

4. 用户反馈与市场影响

北京电影学院文创产品深受电影爱好者、影视专业学生及从业者喜爱，成为传播电影文化、展现学院特色的重要窗口。产品在影视文化市场具有较高辨识度，推动了电影文化的传播与发展，提升了学院在影视行业的品牌价值。

# 第二章

# 校园文创产品设计方法论

本章围绕“校园文创产品设计方法论”展开系统论述，涵盖情感化设计原则、实用性与纪念性的平衡、系列化产品开发策略及可持续材料的选择与应用四大核心模块。在情感化设计层面，基于唐纳德·诺曼的本能层、行为层、反思层理论框架，提出通过形式创新（形态、色彩、材质）满足情感共鸣，结合功能性、易用性、趣味性提升使用体验，依托文化内涵、故事性及个性化设计深化情感联结；针对实用性与纪念性的平衡，提出功能创新（文化融合、科技赋能）、文化符号植入（符号转译与故事叙述）、用户需求调研（精准定位）及动态迭代（反馈优化）四大策略，兼顾日常使用与文化价值；系列化产品开发从主题（校史、四季、活动）、功能（学习办公、生活休闲、出行便携）及用户群体（学生、教职工、校友）三个维度构建产品体系，并通过统一视觉识别、整合营销推广、持续创新更新强化协同效应；可持续材料部分系统梳理生物基、再生、天然纤维三类材料的特性与应用案例，分析成本、性能、认知等挑战，并展望材料创新融合、全生命周期设计及文化环保深度融合的未来趋势，推动校园文创向绿色、文化、可持续方向发展。

# 第一节 情感化设计原则

随着社会经济的发展和人们生活水平的提高，消费者对于产品的需求不再仅仅局限于功能性和实用性，更加注重产品所带来的情感体验。校园文创产品作为文化与创意的结合体，其情感化设计尤为重要。情感化设计能够使校园文创产品超越物质层面，成为连接用户与文化、情感的桥梁，满足用户在精神层面的需求。通过对校园文创产品进行情感化设计，可以提升产品的吸引力和竞争力，增强用户对产品的认同感和忠诚度，同时也有助于推动校园文化的传承与创新。

## 一、情感化设计理论基础

### （一）情感化设计的概念

情感化设计是一种以人的情感需求为出发点，通过设计手段来引发和满足人们情感反应的设计方法。它不仅仅关注产品的功能和形式，更注重产品与用户之间的情感交流和互动，旨在创造出能够引发用户情感共鸣，提高用户满意度和忠诚度的产品。情感化设计将产品设计与人的情感需求相结合，使产品不仅仅是一种实用的工具，更是一种能够触动人心的艺术创作。

### （二）唐纳德·诺曼的情感化设计层次理论

美国著名认知心理学家唐纳德·诺曼在《情感化设计》一书中提出，情感化设计包括本能水平、行为水平和反思水平三个层次。本能水平的设计与产品的最初效果有关，主要关注产品的外形、质地和手感等，通过人的视觉、触觉、听觉等感官系统来接收和反馈产品传递的情感；行为水平与产品的效用以及使用产品的感受有关，包括功能、性能和可用性等，讲究的是使用的乐趣和效率；反思水平注重的是自我形象、个人满意度及记忆，它使产品本身能引起使用者的情感共鸣，使人感到愉悦，是人们深层次的意识活动。这三个层次相互关联、层层递进，共同构成了情感化设计的理论框架。

## 二、校园文创产品情感化设计的本能层原则

### （一）形式创新

在文创产品的设计中，通过对产品形态的创新，能够使其具有独特的情感价值。设计师可以将传统的文化元素与现代设计理念相结合，创造出既具有传统韵味又具有现代气息的文创产品。例如，故宫博物院推出的“故宫猫”系列文创产品，将故宫的文化元素与可爱的猫咪形象相结合，设计出了各种形态的玩偶、文具、饰品等。这些产品的造型独特，猫咪的形象憨态可掬，既展现了故宫文化的深厚底蕴，又符合现代消费者对可爱、有趣事物的喜爱，引发了用户的情感共鸣。此外，设计师还可以通过对产品形态的变形、组合等手法，使产品具有更强的视觉冲击力，从而吸引用户的注意力，引发情感共鸣。比如，一些以建筑为灵感的文创产品，通过对建筑形态的抽象和变形，设计出独特的灯具、摆件等，给人以新奇的视觉感受，同时也传递出建筑所蕴含的文化内涵。

### （二）色彩运用

色彩是情感化设计中非常重要的元素，它可以直接影响用户的情感体验。

不同的色彩具有不同的情感象征意义，例如，红色代表热情、喜庆、温暖；蓝色代表忧郁、冷静、平静；绿色代表生机、自然、和平等。在文创产品的设计中，设计师可以通过对色彩的巧妙运用，使产品具有独特的情感价值。例如，在设计与春节相关的文创产品时，可以运用大量的红色和金色元素，营造出喜庆、热闹的节日氛围，让用户在看到产品时就能够感受到节日的喜悦。又如，一些以大自然为主题的文创产品，常常运用绿色、蓝色等自然色彩，给人以清新、舒适的感觉，引发用户对自然的向往之情。设计师还可以通过色彩的搭配和对比，增强产品的视觉效果和情感表达。比如，将互补色搭配使用，可以创造出强烈的视觉冲击，突出产品的个性；而将相近色搭配使用，则可以营造出和谐、温馨的氛围。

### （三）材质选择

材质是文创产品设计中的另一个重要元素，它可以直接影响产品的触感和质感。不同的材质给人带来不同的感受，例如，金属材质给人以坚硬、冰冷、现代的感觉；木质材质给人以温暖、自然、亲切的感觉；陶瓷材质给人以细腻、光滑、优雅的感觉等。在文创产品的设计中，设计师可以通过对材质的巧妙选择，使产品具有独特的情感价值。例如，在设计具有传统文化特色的文创产品时，可以选择木质、纸质、陶瓷等天然材质，这些材质能够更好地体现传统文化的韵味和质感，让用户感受到传统文化的温暖和亲切。又如，一些追求时尚、现代感的文创产品，可以选择金属、塑料、玻璃等材质，展现出产品的时尚感和科技感。此外，还可以通过不同材质的组合和表面处理工艺，营造出丰富的质感效果，如粗糙与光滑、柔软与坚硬、冷与暖的对比，使产品更加生动有趣，引发用户的情感共鸣。同时，注重材质的环保性也是现代文创产品设计的重要趋势，选择可持续利用或可回收的材质，体现绿色设计理念，符合现代消费者对环保产品的需求，也能提升用户对产品的好感度。

## 三、文创产品情感化设计的行为层原则

### （一）功能性设计

文创产品的行为层设计首先要关注产品的功能性，确保产品能够满足用户的实际需求。设计师需要明确产品的功能定位，根据目标用户群体的需求和偏好，设计出具有实用性的产品。例如，对于旅游文创产品，可以设计具有纪念意义且方便携带的实用工具，如带有当地景点图案的钥匙扣、手机支架、便携式水杯等，这些产品既可以作为旅游纪念品，又能够在日常生活中使用，满足了用户的多种需求。同时，在保持传统功能的基础上，结合现代科技和设计理念进行功能创新，能够让产品更加符合现代人的使用习惯和需求，提升产品的实用性和趣味性。比如，一些博物馆文创产品，通过融入智能芯片或二维码技术，用户在使用产品时可以通过手机扫描获取相关文物的详细介绍、历史故事等信息，使产品不仅具有实物形态，还能够延伸出丰富的数字内容，增加了用户与产品之间的互动性和趣味性。

### （二）易用性设计

产品的易用性是行为层设计的关键因素之一。一个易用的文创产品能够让用户在使用过程中感到轻松、便捷，减少操作上的困难和挫折感，从而提升用户的使用体验和满意度。在设计过程中，设计师需要从用户的角度出发，考虑产品的操作流程是否简单明了、界面是否友好易懂、尺寸是否合适等因素。例如，在设计文创文具时，要确保笔的握感舒适、书写流畅，笔记本的纸张质量良好、装订牢固且易于翻页；在设计文创电子产品时，要保证操作界面简洁直观，功能按钮布局合理，易于识别和操作。此外，还可以通过一些人性化的设计细节，如在产品上设置防滑垫、提手、收纳空间等，进一步提升产品的易用性。例如，一些文创背包在设计时增加了多个分隔层和隐藏式口袋，方便用户分类存放物品，同时在背包的肩带和背部采用了透气、柔软的材质，减轻了用户背负时的压力，提高了使用的舒适度。

### （三）趣味性设计

趣味性设计能够为用户带来愉悦的使用体验，激发用户的兴趣和好奇心，使产品更具吸引力。在文创产品设计中，可以通过多种方式增加产品的趣味性，如在产品的外观设计上融入有趣的元素、在功能设计中设置互动环节、在使用过程中给予用户意外的惊喜等。例如，一些以动物为主题的文创产品，将动物的形象设计得夸张、可爱，通过巧妙的造型和色彩搭配，使其充满趣味性，吸引用户的目光；一些文创拼图、积木等产品，不仅具有娱乐功能，还可以让用户在动手操作的过程中体验到创造的乐趣；还有一些文创产品在包装设计上采用了创意十足的打开方式，如抽拉式、折叠式、立体式等，当用户打开包装时能够获得意想不到的视觉效果，增加了产品的趣味性和神秘感。通过趣味性设计，能够让用户在使用文创产品的过程中获得更多的快乐和满足感，增强用户对产品的喜爱和认同感。

## 四、文创产品情感化设计的反思层原则

### （一）文化内涵传递

文创产品作为文化的载体，承载着丰富的文化内涵。在反思层设计中，设计师需要深入挖掘产品所蕴含的文化元素，将其巧妙地融入到产品的设计中，使产品能够传递出特定的文化价值观和精神内涵，引发用户对文化的思考和认同。文化元素可以来自地域文化、历史文化、民族文化、艺术文化等各个方面。例如，陕西历史博物馆推出的唐妞系列文创产品，以唐代仕女俑为原型，通过对唐代服饰、妆容、发型等文化元素的提炼和再创造，设计出了各种可爱的唐妞形象，应用于玩偶、文具、饰品等多种产品中。这些产品不仅展现了唐代文化的独特魅力，还让用户在使用过程中对唐代的历史和文化有了更深入的了解，增强了民族自豪感和文化自信。又如，一些以地方民俗文化为主题的文创产品，将当地的传统手工艺、民间故事、节日习俗等元素融入设计，使产品成为传播地方文化的重要媒介，促进了地域文化的传承

和发展。

### （二）故事性构建

故事性是文创产品的一个重要特点，它可以帮助用户更好地理解和体验产品所传达的情感价值。通过构建一个引人入胜的故事，将产品的设计理念、文化背景、制作过程等融入其中，能够使产品更具情感感染力，引发用户的情感共鸣。设计师可以从产品的历史渊源、特殊的产地、非遗文化、优良工艺、设计师的独特情怀等方面挖掘故事素材。例如，一款以传统手工刺绣为工艺的文创丝巾，设计师可以讲述刺绣工艺的传承故事、刺绣艺人的匠心精神以及这款丝巾的设计灵感来源等，让用户在购买和使用丝巾的过程中，不仅仅是拥有了一件物品，更像是拥有了一个故事，从而增加了产品的情感附加值。又如，一些文创产品在包装或说明书上附带了相关的故事卡片，通过文字和图片的形式向用户讲述产品背后的故事，进一步丰富了用户的体验，使用户与产品之间建立起更深层次的情感联系。

### （三）个性化与自我认同

在反思层，文创产品还应满足用户的个性化需求，帮助用户表达自我，实现自我认同。现代消费者越来越注重个性化和独特性，希望通过使用的产品来展现自己的个性和品位。因此，设计师可以在产品设计中提供一定的个性化空间，如定制化服务、模块化设计等，让用户能够根据自己的喜好和需求对产品进行选择和组合。例如，一些文创首饰品牌推出了定制项链、手链等产品，用户可以选择自己喜欢的吊坠、链条材质和款式，甚至可以在吊坠上刻上自己的名字或特殊符号，使产品成为独一无二的专属物品，满足了用户对个性化的追求。此外，文创产品所传达的价值观和文化内涵也应与用户的自我认知相契合，让用户在使用产品的过程中能够找到与自己相符的情感认同。比如，一些倡导环保、公益等理念的文创产品，吸引了具有相同价值观的用户群体，他们通过使用这些产品来表达自己对环保事业或公益活动的支持，实现了自我价值的认同。

情感化设计在文创产品设计中具有至关重要的地位，它通过本能层、行为层和反思层的设计原则，从形式、色彩、材质、功能、易用性、趣味性、文化内涵、故事性以及个性化等多个方面入手，满足了用户在情感体验、文化认同和自我表达等方面的需求。通过情感化设计，文创产品不再仅仅是一种商品，而是成为了能够触动用户心灵、传递文化价值的情感载体。在未来的文创产品设计中，设计师应更加深入地理解和运用情感化设计原则，关注用户的情感需求和文化需求，不断创新设计思路和方法，开发出更多具有情感共鸣和文化内涵的文创产品，推动文创产业的繁荣发展，同时也为用户带来更加丰富、美好的情感体验。

## 第二节
## 实用性与纪念性的平衡

校园文创产品作为校园文化的重要载体，不仅是展示学校特色与精神风貌的窗口，也是连接校友、师生与学校情感的纽带。在校园文创产品设计中，实用性与纪念性的平衡至关重要。实用性确保产品能融入用户日常生活，提高使用频率；纪念性则赋予产品独特的文化价值和情感意义，激发用户对校园的认同感与归属感。然而，在实际设计中，常常出现产品过于注重实用性而忽略纪念性，或过度强调纪念性而导致实用性不足的问题。因此，如何在两者间找到平衡点，成为校园文创产品设计的关键课题。

## 一、实用性与纪念性的内涵解析

### （一）实用性的内涵

实用性是指校园文创产品在功能上能够满足用户日常学习、工作、生活需求的特性。它强调产品的功能性、易用性和耐用性。例如，校园文创笔记本，其纸张质量优良、装订牢固，方便用户书写记录；文创水杯，具有良好的保温性能和舒适的握持感，适合日常饮水使用。实用性是产品存在的基础，只有具备实用价值，产品才能被用户接受并长期使用，从而实现其传播校园文化的功能。

### （二）纪念性的内涵

纪念性则侧重于校园文创产品所承载的校园文化内涵、历史记忆和情感价值。它通过产品的设计元素、文化符号、故事叙述等方式，唤起用户对校园生活的回忆，增强用户对学校的认同感和归属感。比如，以校史故事为主题的文创书签，将学校的标志性建筑、杰出校友等元素融入设计，不仅具有书签的实用功能，更能让用户在使用过程中感受到校园文化的深厚底蕴；校友返校纪念徽章，以校徽、校训为核心元素，结合特殊的制作工艺，成为校友珍藏校园记忆的载体。纪念性赋予产品独特的文化魅力，使其区别于普通商品，成为具有特殊意义的文化纪念品。

## 二、实现实用性与纪念性平衡的策略

### （一）功能创新：以实用为基础的文化融合

在校园文创产品设计中，功能创新是实现实用性与纪念性平衡的重要途径。设计师可以在满足产品基本功能的基础上，将校园文化元素巧妙融入功能设计中。例如，清华大学推出的带有校徽图案的 U 盘，不仅具备存储数据的实用功能，还将校徽作为U盘的外观设计元素，使其成为校园文化的传播载体。当用户使用该U盘时，既满足了数据存储的需求，又能时刻感受到校园文化的陪伴。

此外，还可以结合现代科技，开发具有创新性功能的校园文创产品。如浙江大学设计的智能校徽，集成了NFC芯片，用户佩戴校徽后，通过手机触碰即可获取学校的相关信息，包括校园地图、课程安排、活动通知等，实现了校徽从传统装饰品到智能工具的转变。这种功能创新不仅提升了产品的实用性，还赋予了校徽新的文化内涵和使用价值，使校园文创产品更符合现代用户的需求。

### （二）文化符号植入：以纪念为核心的设计表达

文化符号植入是增强校园文创产品纪念性的关键手段。设计师应深入挖掘校园文化中的独特符号，如校徽、校训、校园建筑、标志性景观、校史故事、传统活动等，并将这些符号以巧妙的方式融入产品设计中。例如，北京大学的“未名湖”系列文创产品，将未名湖的湖光塔影、石舫等元素融入笔记本封面、钥匙扣、明信片等产品设计中，使这些产品成为未名湖文化的具象化表达，让用户在使用过程中能够感受到北大独特的校园氛围。

在文化符号植入过程中，要注重符号的转译和创新，避免简单的堆砌和复制。可以运用抽象、变形、简化等设计手法，将文化符号转化为具有现代感和艺术感的设计元素。如复旦大学的文创产品，将校训“博学而笃志，切问而近思”以书法艺术的形式进行变形设计，应用于笔记本、书签等产品上，既保留了校训的文化内涵，又赋予了产品独特的艺术美感。

### （三）用户需求调研：以需求为导向的精准设计

用户需求调研是实现实用性与纪念性平衡的重要前提。通过深入了解目标用户群体的需求、偏好和使用习惯，设计师能够更精准地把握产品设计方向，开发出既实用又具有纪念意义的校园文创产品。调研方法可以采用问卷调查、访谈、焦点小组讨论等多种形式。

例如，在设计针对在校学生的校园文创产品时，通过问卷调查了解学生在学习、生活中常用的物品以及对校园文化元素的喜好，发现学生对文具、生活用品的需求较大，且更倾向于可爱、时尚的设计风格。基于此，学校可以设计带有校园吉祥物形象的文具套装、卡通风格的校园地图等产品，既满足学生的日常使用需求，又通过可爱的设计风格和校园文化元素增强产品的纪念性。

对于校友群体，则可以通过访谈的方式了解他们对校园的记忆和情感需求，发现校友更注重产品的收藏价值和文化内涵。因此，针对校友设计的文创产品可以采用高端材质、精致工艺，融入校史故事、校友成就等元素，制作成限量版的纪念礼盒、纪念邮票等，满足校友对校园的怀念之情和收藏需求。

### （四）动态评估与迭代：以反馈为依据的持续优化

建立动态评估与迭代机制是确保校园文创产品实用性与纪念性平衡的重要保障。产品设计完成后，通过用户反馈、销售数据等渠道收集信息，对产品进行评估和分析，及时发现产品在实用性和纪念性方面存在的问题，并进行针对性的优化和改进。

例如，某高校推出的一款校园文创帆布包，虽然设计新颖，融入了丰富的校园文化元素，但在实际使用中，用户反馈帆布包的肩带较窄，长时间使用会勒肩膀，影响实用性。根据这一反馈，设计师对帆布包进行了改进，加宽了肩带，并增加了防滑设计，同时保留了原有的文化元素，使产品在实用性和纪念性方面都得到了提升。

此外，随着时代的发展和用户需求的变化，校园文创产品也需要不断进行迭代更新。可以根据不同的节日、活动或主题，推出相应的系列文创产品，保持产品的新鲜感和吸引力。如在学校校庆期间，推出以校庆为主题的文创产品，将校庆标识、校庆活动等元素融入产品设计中，既满足了校庆活动的需求，又为用户提供了具有特殊纪念意义的产品。

在校园文创产品设计中，实现实用性与纪念性的平衡是提升产品品质和市场竞争力的关键。通过功能创新、文化符号植入、用户需求调研和动态评估与迭代等策略，能够在满足用户日常使用需求的同时，赋予产品丰富的文化内涵和情感价值。同时，借鉴国内外高校的成功案例经验，结合自身学校的特色和优势，不断探索和创新设计方法，才能打造出既实用又具有纪念意义的优秀校园文创产品，使其成为校园文化传播的重要载体，增强师生和校友对学校的认同感和归属感，推动校园文化的传承与发展。

## 第三节
## 系列化产品开发策略

校园文创产品作为校园文化的生动载体，近年来发展迅速。系列化开发策略能够有效整合校园文化资源，提升产品的市场竞争力与品牌影响力。通过打造系列化产品，不仅能满足消费者的多样化需求，还能增强产品间的关联性与协同效应，形成强大的视觉与文化冲击，在市场中脱颖而出。本节将深入探讨校园文创产品系列化开发的具体策略。

### 一、基于主题的系列化开发

#### （一）校史文化主题系列

校史是学校发展的珍贵记录，其中蕴含着丰富的故事与文化元素。以校史为主题开发系列文创产品，能够让师生与校友重温学校发展历程，增强对学校的认同感与归属感。

例如，对于拥有百年历史的高校，可以推出“百年风华”校史主题系列文创。该系列可以包含一本精装校史画册，通过精心挑选的老照片、珍贵文献以及生动的文字叙述，展现学校从创立之初到如今的重要历史节点与发展成就；配套设计的校史主题笔记本，封面采用复古风格，印有学校不同时期的标志性建筑，内页纸张质量上乘，可满足日常书写与记录灵感的需求；再制作一套校史人物徽章，选取学校历史上的杰出校友、知名教授等，以精致的金属徽章形式呈现他们的形象与事迹，兼具收藏与佩戴价值。这些产品相互关联，共同构建起一个完整的校史文化主题系列，从不同角度展现校史文化魅力。

### （二）校园四季主题系列

校园在四季更迭中展现出不同的美景，这些自然景观是校园文化的重要组成部分。以校园四季为主题开发系列文创产品，能够捕捉校园独特的自然之美，让消费者在使用产品过程中感受到校园四季的魅力。

比如，在春季，可以推出以校园盛开的樱花、桃花等花卉为主题的文创产品。设计一款樱花主题的手机壳，采用透明软胶材质，上面印有校园樱花树下的唯美场景，既美观又能保护手机；搭配樱花香薰蜡烛，其香味模拟樱花盛开时淡淡的芬芳，蜡烛容器上刻有校园标志性建筑轮廓，营造出浪漫的氛围。夏季，以校园的荷花池为灵感，制作清凉的夏日折扇，扇面上绘制校园荷塘景色，同时推出带有校园泳池图案的防水手机袋，方便学生在夏日游泳或户外活动时携带手机。秋季，枫叶成为校园的一大特色，可设计枫叶主题的丝巾，选用柔软的丝绸材质，印有校园枫叶大道的精美图案，兼具时尚与保暖功能；再推出枫叶形状的书签，上面点缀校园校徽元素，供学生在阅读时使用。冬季，以校园雪景为背景，开发保温杯，杯身印有校园雪景照片，保温效果良好，让使用者在寒冷的冬日也能感受到校园的温暖。通过这样的系列设计，将校园四季的美景融入到不同的文创产品中，满足消费者在不同季节对校园文化的情感需求。

### （三）校园活动主题系列

校园内丰富多彩的活动，如运动会、艺术节、科技节等，是校园文化活力的体现。以校园活动为主题开发系列文创产品，能够记录活动的精彩瞬间，激发参与者的美好回忆。

以校园运动会为例，可以推出“活力赛场”主题系列文创产品。设计一款运动会主题的运动手环，手环表带采用环保橡胶材质，上面印有学校运动会的标志以及各种运动项目的简笔画，具备运动计步、睡眠监测等基本功能，同时可作为参与者的身份标识；配套推出运动会主题的运动水壶，采用轻便的塑料材质，印有校园运动会的宣传口号和运动员矫健的身姿，方便学生在运动时补充水分；再制作运动会纪念徽章，以金属材质打造，徽章上刻有运动会的年份、冠军项目等信息，颁发给获奖运动员或作为活动纪念品出售。对于校园艺术节，可以设计艺术展览海报风格的明信片，选取艺术节上优秀艺术作品的片段印在明信片上，供师生收藏或邮寄；推出艺术节主题的帆布包，包上印有艺术节的标志和一些艺术元素图案，可用于携带书籍、文具等物品，成为校园艺术氛围的流动展示窗口。通过围绕校园活动打造系列文创产品，能够增强活动的影响力，延续活动的文化价值。

## 二、基于功能的系列化开发

### （一）学习办公功能系列

学生与教职工在日常学习与工作中对各类文具、办公用品有大量需求。开发具有学习办公功能的校园文创产品系列，能够满足他们的实际需求，同时在使用过程中传播校园文化。

例如，打造“智慧校园”学习办公系列文创。设计一套校园主题的笔记本套装，包括不同规格的笔记本，封面采用硬纸板材质，印有校园标志性建筑的线稿图，内页纸张护眼且书写流畅，可用于课堂笔记、会议记录、创意写作等；配套一支带有校徽的钢笔，钢笔外观设计简约大方，笔尖顺滑，墨水流畅，书写体验良好，可作为教师授课、学生书写作业的得力工具；再推出校园主题的文件夹，采用环保塑料材质，文件夹封面印有校园风景照片，内部设有多个分隔层，方便分类存放文件资料。此外，还可以开发带有校园特色图案的鼠标垫，其材质柔软，具有良好的防滑性能，能够有效提升办公舒适度。这些产品围绕学习办公功能展开，相互配合，形成一个完整的系列，满足了消费者在学习办公场景下对实用性与文化性的双重需求。

### （二）生活休闲功能系列

校园生活除了学习工作，还有丰富的休闲时光。针对生活休闲场景开发系列文创产品，能够为消费者的日常生活增添乐趣，同时展现校园文化的亲和力。

比如，设计“校园逸趣”生活休闲系列文创产品。制作一款校园主题的抱枕，抱枕套采用柔软的棉质面料，印有校园卡通形象或有趣的校园标语，内部填充柔软的棉花，可在午休、阅读、看电视时使用，提供舒适的倚靠；配套推出校园风景拼图，拼图采用优质纸张制作，图案选取校园内不同角度的美丽风景，拼图块数可根据难度级别设置，适合学生在课余时间与朋友一起挑战，增进互动与交流；再开发校园主题的马克杯，马克杯采用陶瓷材质，杯身印有校园特色的涂鸦图案或校训，可用于冲泡咖啡、茶等饮品，在享受饮品的同时感受校园文化氛围。此外，还可以设计校园主题的扑克牌，扑克牌的图案结合校园元素进行创新设计，如将扑克牌中的数字与花色替换为校园建筑、校徽、吉祥物等元素，为休闲娱乐时光增添独特的文化气息。通过这些具有生活休闲功能的文创产品系列，将校园文化融入到消费者的日常生活点滴中。

### （三）出行便携功能系列

随着人们出行频率的增加，对出行便携物品的需求也日益增长。开发具有出行便携功能的校园文创产品系列，能够满足消费者在出行过程中对校园文化的情感寄托与实际需求。

以“校园相伴出行”系列为例，设计一款校园主题的双肩包，双肩包采用耐磨的尼龙材质，外观印有校园标志性建筑的立体图案，背包内部设有多个分隔层，方便分类存放物品，肩带设计符合人体工程学原理，减轻肩部压力，适合学生上学、外出旅行等场景；配套推出校园主题的便携式水杯，水杯采用不锈钢真空保温材质，杯身印有校园的校训或校徽，外观小巧轻便，易于携带，可随时随地为使用者提供热水；再制作校园主题的行李牌，行李牌采用防水塑料材质，上面印有校名、校徽以及个人信息填写区域，方便在出行时挂在行李箱上，既起到标识作用，又能展示校园文化。此外，还可以开发校园主题的手机支架，手机支架采用可折叠设计，材质为硅胶，上面印有校园的特色图案，方便在出行时观看视频、导航等操作。通过这样的出行便携功能系列文创产品，让校园文化伴随消费者的每一次出行。

## 三、基于用户群体的系列化开发

### （一）学生群体系列

学生是校园文创产品的主要消费群体之一，他们对文创产品的需求具有多样化、个性化的特点。针对学生群体开发系列文创产品，需要充分考虑他们的兴趣爱好、学习生活需求以及审美趋势。

例如，推出“青春校园”学生系列文创。对于低年级学生，可以设计一套可爱风格的文具套装，包括印有校园吉祥物的彩色铅笔、卡通造型的削笔刀、带有校园场景贴纸的笔记本等，激发他们对学习的兴趣；对于高年级学生，可以开发具有创意功能的学习用品，如带有校园地图的多功能书签，书签上不仅印有校园地图方便学生寻找教室、图书馆等地点，还带有便签功能，可用于记录学习要点；再设计校园主题的运动手环，除了具备基本的运动监测功能外，还可以设置与校园活动相关的提醒功能，如社团活动、考试时间等。此外，针对学生的休闲娱乐需求，制作校园主题的手机壳，手机壳图案可以采用流行的动漫风格，将校园元素与动漫形象相结合，满足学生对时尚与个性的追求；推出校园主题的桌游，如以校园历史为背景的策略桌游，让学生在游戏过程中了解校园历史文化。通过这样丰富多样的系列产品，满足不同年龄段学生的需求。

### （二）教职工群体系列

教职工在校园文化传承与发展中扮演着重要角色，他们对文创产品的需求更倾向于体现校园文化内涵、彰显身份地位以及满足工作生活的实用性。针对教职工群体开发系列文创产品，要注重产品的品质与文化格调。

比如，打造“师者风范”教职工系列文创。设计一款高品质的校园主题领带，领带采用真丝材质，上面印有校园校徽的暗纹，线条简洁大方，适合教职工在正式场合佩戴，彰显其身份与品位；配套推出校园主题的笔记本电脑包，电脑包采用皮革材质，外观设计简约大气，印有校园标志性建筑的浮雕图案，内部设有专门的电脑隔层和多个小口袋，方便存放办公用品和文件资料；再制作校园主题的保温杯，保温杯采用不锈钢材质，表面经过磨砂处理，印有校园校训和教职工专属的标识，保温效果良好，可满足教职工在办公室、教室等场所使用。此外，还可以开发校园主题的艺术摆件，如以校园著名学者为原型制作的小型雕塑摆件，放置在教职工的办公桌上，增添文化氛围。通过这些精心设计的系列产品，满足教职工在工作与生活中的需求，同时增强他们对校园的归属感。

### （三）校友群体系列

校友与母校有着深厚的情感联系，他们对校园文创产品的需求更多地集中在回忆校园时光、展示校友身份以及表达对母校的支持。针对校友群体开发系列文创产品，要突出产品的纪念性与收藏价值。

例如，推出“校友情怀”系列文创产品。设计一款校友专属的纪念徽章，徽章采用金属材质，经过精细的雕刻工艺，上面印有校友毕业年份、校徽以及学校名称，徽章配有精美的包装盒，可作为校友身份的象征，佩戴在各种场合；配套推出校友纪念册，纪念册采用精装设计，内页收录校友在校期间的照片、校园新闻报道以及校友的回忆文章等，通过文字与图片的形式唤起校友对校园生活的美好回忆；再制作校园主题的高端定制手表，手表表盘上印有校园标志性建筑的图案，表带采用优质皮革材质，刻有校友的名字或毕业班级，作为校友珍贵的收藏纪念品。此外，还可以开发校友返校活动专属的文创产品，如带有校友返校标志的帆布包、文化衫等，增强校友在返校活动中的参与感与归属感。通过这样的系列产品，满足校友对母校的情感需求，加强校友与母校之间的联系。

## 四、系列化产品开发的协同策略

### （一）统一视觉识别系统

在系列化产品开发过程中，建立统一的视觉识别系统至关重要。这包括确定统一的色彩体系、字体风格、图形元素以及品牌标识的应用规范等。通过统一的视觉识别系统，能够使系列产品在外观上形成强烈的关联性与辨识度，让消费者一眼就能识别出这些产品属于同一校园文创品牌。

例如，某高校确定以学校校徽中的主色调——蓝色为系列文创产品的主色调，同时搭配简洁现代的无衬线字体作为产品上的文字标识字体。在图形元素方面，选取学校标志性建筑的简化线条图案作为贯穿整个系列产品的核心图形元素。无论是文具类产品、生活用品类产品还是纪念品类产品，都严格遵循这些视觉规范。如在笔记本的封面设计上，采用蓝色底色，印有学校标志性建筑的简化线条图案，并用规定字体印上学校名称；在保温杯的外观设计上，同样以蓝色为主色调，杯身一侧印有学校建筑图案和校徽，另一侧用规定字体印上校训。通过这种统一的视觉识别系统，使整个系列产品在市场中形成独特的视觉形象，增强品牌影响力。

### （二）整合营销推广

系列化产品的营销推广需要进行整合，充分利用线上线下多种渠道，形成全方位的推广矩阵。线上方面，可以通过学校官方网站、社交媒体平台（如微信公众号、微博、抖音等）、电商平台等进行产品宣传与销售。制作精美的产品宣传图片、视频，发布产品介绍文章、用户体验分享等内容，吸引消费者的关注。同时，可以利用社交媒体平台开展互动活动，如线上抽奖、话题讨论、创意征集等，提高产品的曝光度与用户参与度。

线下方面，可以在校内设立文创产品专卖店或展示专柜，举办校园文创产品展销会、新品发布会等活动，让师生与校友能够亲身感受文创产品的魅力。此外，还可以参加各类文化创意展会、校园纪念品展销会等校外活动，将校园文创产品推向更广阔的市场。在营销推广过程中，要注重突出系列产品的整体性与关联性，强调系列产品所传达的校园文化主题与情感价值，吸引消费者购买整个系列产品。

例如，在学校官方微信公众号上发布系列文创产品的宣传推文，详细介绍每款产品的设计理念、功能特点以及与校园文化的联系，并在推文中附上产品购买链接。同时，在学校举办的校庆活动期间，在校内设立大型文创产品展示区，将各个系列的文创产品进行集中展示，并设置互动体验环节，如现场制作校园主题的手工书签、绘制校园主题的彩绘帆布袋等，吸引师生与校友参与，提高文创产品的知名度与销量。

### （三）持续创新与更新

校园文创产品市场不断发展变化，消费者的需求也在持续更新。为了保持系列化产品的市场竞争力与吸引力，需要持续进行创新与更新。一方面，要关注市场趋势与消费者需求的变化，及时调整产品设计与开发方向。例如，随着环保理念的普及，在系列产品中增加更多环保材质的应用；随着数字化技术的发展，探索将数字元素融入文创产品，如开发具有 AR 互动功能的校园文创产品，让消费者通过手机扫描产品能够看到校园的虚拟场景、历史故事等。

另一方面，要不断挖掘校园文化的新内涵、新元素，为系列产品注入新的活力。学校在发展过程中不断涌现新的故事、新的活动、新的成就等，将这些新元素融入到文创产品系列中，能够使文创产品始终保持新鲜感与吸引力。例如，学校在某一年获得了一项重要的科研成果，以此为契机，开发与之相关的文创产品系列，如科研成果主题的徽章、笔记本、手机壳等，既宣传了学校的科研成就，又丰富了文创产品系列。通过持续创新与更新，确保校园文创产品系列能够长期满足消费者的需求，保持品牌的生命力。

校园文创产品系列化开发策略是提升校园文创产品竞争力、传播校园文化的有效途径。通过基于主题、功能以及用户群体的系列化开发，能够打造出丰富多样、具有针对性的文创产品体系。同时，借助统一视觉识别系统、整合营销推广以及持续创新与更新等协同策略，进一步增强系列产品的市场影响力与品牌价值。在未来的校园文创产品开发中，应不断探索与完善系列化产品开发策略，充分挖掘校园文化资源，满足不同消费者群体的需求，推动校园文创产业的持续发展，让校园文化通过文创产品这一载体得到更广泛的传播与传承。

# 第四节

# 可持续材料的选择与应用

在全球倡导可持续发展的背景下，各行各业都在积极探索绿色发展路径，文创产业也不例外。校园文创产品作为校园文化传播的重要载体，其材料的选择与应用直接影响产品的环保属性与文化价值。传统文创产品多使用塑料、合成纤维等非环保材料，不仅对环境造成负担，也难以满足消费者日益增长的绿色消费需求。因此，选择和应用可持续材料成为校园文创产品设计的必然趋势。可持续材料的应用既能减少对环境的负面影响，又能赋予产品独特的质感与文化内涵，使校园文创产品在兼具实用性与纪念性的同时，彰显环保理念与社会责任。

## 一、可持续材料的类型与特性

### （一）生物基材料

生物基材料是以生物质为原料，通过生物、化学以及物理等方法制造的一类材料，具有可再生、可降解的特性，对环境友好。常见的生物基材料包括聚乳酸（PLA）、秸秆纤维、竹纤维等。

聚乳酸（PLA）是一种由玉米、木薯等农作物发酵制成的可降解塑料，具有良好的加工性能和机械性能，可广泛应用于3D打印、注塑成型等工艺。其制成的产品外观美观，触感舒适，且在自然环境中可逐渐分解，不会造成长期的环境污染。秸秆纤维则是将农作物秸秆经过处理后提取的纤维，具有天然的纹理和质朴的质感，可与树脂等材料复合制成板材、颗粒等，用于制作文具、装饰品等文创产品。竹纤维具有强度高、韧性好、抗菌抑菌等特点，常被加工成织物，用于制作文创服饰、围巾等产品。生物基材料的应用不仅能减少对石油基材料的依赖，还能赋予产品自然、环保的独特魅力，符合现代消费者对绿色产品的追求。

### （二）再生材料

再生材料是指通过回收、加工废弃材料而获得的可再次利用的材料，包括再生塑料、再生纸、再生金属等。使用再生材料能够减少资源消耗，降低废弃物对环境的污染，实现资源的循环利用。

再生塑料是将废弃塑料进行分类、清洗、破碎、造粒等处理后得到的塑料原料，可用于生产各种塑料制品，如文具、收纳盒、手机壳等。再生纸则是以废纸为原料，经过脱墨、制浆、抄造等工艺制成的纸张，具有一定的环保宣传意义，常用于制作笔记本、明信片、包装纸等文创产品。再生金属如再生铝、再生铜等，通过对废旧金属的回收熔炼，可制成金属徽章、钥匙扣、摆件等文创产品，不仅节约了矿产资源，还能展现出独特的复古质感。再生材料的应用让废弃物焕发新生，赋予文创产品别样的故事与价值。

### （三）天然纤维材料

天然纤维材料是从自然界的植物、动物等生物体中获取的纤维，如棉、麻、丝、羊毛等。这些材料具有天然、舒适、透气等优点，且在自然环境中可降解，对环境友好。

棉纤维柔软舒适，吸湿性强，是制作文创服饰、布袋、手帕等产品的常用材料。麻纤维具有粗犷、质朴的质感，强度高、散热性好，常用于制作帆布包、桌布、挂毯等文创产品，能体现出自然、简约的风格。蚕丝纤维光滑柔软，富有光泽，常被用于制作丝巾、刺绣工艺品等高端文创产品，展现出优雅、精致的气质。羊毛纤维保暖性好，弹性佳，可用于制作毛绒玩具、围巾、帽子等文创产品，给人温暖、亲切的感觉。天然纤维材料的应用不仅能提升产品的品质与舒适度，还能让消费者感受到大自然的气息，增强产品的亲和力。

## 二、可持续材料在校园文创产品中的应用案例

### （一）生物基材料应用案例

美国斯坦福大学推出的一款校园文创笔记本，采用聚乳酸（PLA）材质制作封面。封面设计简洁大方，印有斯坦福大学标志性建筑的图案，通过 3D 打印技术呈现出立体的质感。这款笔记本不仅外观精美，而且在使用废弃后，经过一定时间可在自然环境中降解，不会对环境造成污染。同时，聚乳酸（PLA）材质的独特光泽和触感，也为笔记本增添了一份科技感与品质感，深受师生和校友的喜爱。

国内某高校设计的“稻梦”系列文创产品，以秸秆纤维为主要材料。该系列包括秸秆纤维制成的文具套装，如笔记本、文件夹、笔盒等。笔记本的封面采用秸秆纤维与树脂复合板材，表面保留了秸秆天然的纹理，呈现出质

朴的自然美感；文件夹和笔盒则通过注塑成型工艺，将秸秆纤维材料制成具有实用功能和美观外形的产品。这些文创产品不仅体现了环保理念，还融入了当地的农耕文化元素，让使用者在感受自然之美的同时，增强对环保和传统文化的认知。

### （二）再生材料应用案例

英国剑桥大学的文创部门利用再生金属制作了一系列校园纪念徽章。这些徽章以废旧铜、铝等金属为原料，经过熔炼、锻造、雕刻等工艺，将剑桥大学的校徽、标志性建筑等元素融入设计中。由于再生金属的特性，每枚徽章都呈现出独特的纹理和色泽，仿佛承载着历史的痕迹，具有较高的收藏价值。同时，使用再生金属制作徽章，减少了对原生矿产资源的开采，践行了环保理念，也让这些徽章成为剑桥大学环保文化的传播载体。

日本早稻田大学推出的再生纸文创产品系列备受关注。该系列产品包括再生纸笔记本、明信片、书签等。笔记本的内页采用高品质的再生纸，纸张质地细腻，书写流畅，且在纸张中还能隐约看到一些废纸纤维的痕迹，彰显出其独特的环保属性。明信片和书签则通过创意设计，将早稻田大学的校园风景、校史故事等印在再生纸上，搭配精美的手绘图案，既具有实用功能，又充满艺术气息。这些再生纸文创产品不仅传递了环保理念，还成为早稻田大学文化传播的重要媒介。

### （三）天然纤维材料应用案例

在苏州大学的“江南韵”文创系列中，有多款产品采用天然纤维材料制作。其中，以蚕丝为原料制作的苏绣丝巾，将苏州大学的标志性建筑、江南园林景观等元素通过精湛的苏绣工艺绣制在丝巾上，色彩绚丽，图案精美，展现出江南文化的婉约与优雅。丝巾质地柔软光滑，佩戴舒适，既具有实用价值，又可作为艺术品进行收藏。此外，该系列中的麻质帆布包，采用天然麻纤维制成，包身设计简约大方，印有苏州大学的校徽和江南水乡的图案，体现出自然、质朴的风格，深受学生和游客的喜爱。由这些天然纤维材料制成的文创产品，将校园文化与地域特色文化相结合，展现出独特的魅力。

印度甘地纳加尔大学利用当地丰富的羊毛资源，开发了一系列羊毛材质的校园文创产品。包括羊毛围巾、毛绒玩具、羊毛挂毯等。羊毛围巾由高品质的羊毛纺织而成，质地柔软，保暖性好，围巾上编织有甘地纳加尔大学的校徽和特色图案，既具有实用功能，又能展示学校形象。毛绒玩具以学校的吉祥物为原型，用羊毛制作而成，造型可爱，手感舒适，成为学生和儿童喜爱的纪念品。羊毛挂毯则通过手工编织技艺，将学校的校园风景、文化活动等场景呈现在挂毯上，具有较高的艺术价值和装饰性。这些羊毛材质的文创产品，不仅体现了当地的资源特色，还传承了传统手工艺，为校园文创产业注入了新的活力。

## 三、可持续材料在校园文创产品应用中的挑战与对策

### （一）成本较高

可持续材料的生产、加工过程相对复杂，且目前市场规模有限，导致其成本普遍高于传统材料。这使得使用可持续材料制作的校园文创产品价格偏高，在一定程度上影响了产品的市场竞争力。

为解决这一问题，学校和文创企业可以加强与科研机构、材料供应商的合作，共同研发和改进可持续材料的生产工艺，提高生产效率，降低生产成本。同时，政府可以出台相关的扶持政策，如税收优惠、财政补贴等，鼓励企业使用可持续材料，促进可持续材料产业的发展，从而降低材料成本。此外，还可以通过优化产品设计，提高材料的利用率，减少浪费，进一步降低产品成本。

### （二）性能限制

部分可持续材料在性能方面存在一定的局限性，如生物基材料的耐热性、耐磨性较差，再生材料的强度、稳定性不如原生材料等。这些性能问题会影响文创产品的质量和使用寿命。

针对这一挑战，需要加强材料科学的研究，通过改性、复合等技术手段，改善可持续材料的性能。例如，将生物基材料与其他高性能材料复合，提高其耐热性和耐磨性；对再生材料进行精细加工和处理，增强其强度和稳定性。同时，在产品设计阶段，要充分考虑材料的性能特点，合理选择材料和设计产品结构，避免因材料性能问题导致产品质量下降。

### （三）消费者认知不足

目前，部分消费者对可持续材料的认知度和认同感较低，不了解可持续材料的优势和价值，更倾向于选择价格低廉、外观精美的传统材料文创产品。

为提高消费者对可持续材料的认知，学校和文创企业可以加强宣传推广工作。通过举办环保主题展览、开展文创产品设计讲座、制作宣传视频等方式，向消费者普及可持续材料的知识和环保理念，展示可持续材料文创产品的独特魅力和价值。同时，在产品包装和销售过程中，明确标注材料的环保属性和特点，引导消费者树立绿色消费观念，提高对可持续材料文创产品的接受度和购买意愿。

## 四、可持续材料在校园文创产品中的应用和发展趋势

### （一）材料创新与技术融合

随着科技的不断进步，未来将有更多新型可持续材料被研发出来，其性能和加工工艺将不断优化。同时，可持续材料将与先进的制造技术如 3D 打印、智能加工等深度融合，实现材料的个性化定制和高效生产。例如，利用 3D 打印技术，可以将生物基材料快速成型为各种复杂形状的文创产品，满足消费者多样化的需求；智能加工技术能够精确控制材料的加工过程，提高材料的利用率和产品质量。材料创新与技术融合将为校园文创产品的设计和生产带来更多的可能性。

### （二）全生命周期设计理念的深化

未来，校园文创产品在设计过程中将更加注重全生命周期设计理念，从材料选择、产品生产、使用到废弃处理的整个过程，都将充分考虑对环境的影响。设计师会选择可回收、可降解的材料，优化产品的结构设计，使其便于拆卸和回收；在产品使用过程中，通过提供维修、保养服务，延长产品的使用寿命；在产品废弃后，建立完善的回收体系，实现材料的循环利用。全生命周期设计理念的深化将使校园文创产品更加符合可持续发展的要求。

### （三）文化与环保的深度融合

可持续材料本身具有独特的质感和文化内涵，未来校园文创产品更加注重将环保理念与校园文化、地域文化等深度融合。通过巧妙的设计，将可持续材料的特性与文化元素相结合，使文创产品不仅具有环保价值，还能展现出丰富的文化底蕴。例如，利用当地的特色可持续材料，结合地域文化传统工艺，设计出具有浓郁地方特色的校园文创产品；将校园的历史文化、精神理念融入可持续材料文创产品的设计中，赋予产品更深层次的文化意义。文化与环保的深度融合将提升校园文创产品的艺术价值和市场竞争力。

可持续材料在校园文创产品中的选择与应用是顺应时代发展的必然趋势，对于推动校园文创产业的绿色发展、传播环保理念具有重要意义。虽然目前在应用过程中面临着成本较高、性能限制、消费者认知不足等挑战，但随着技术的进步、政策的支持和消费者观念的转变，可持续材料在校园文创产品中的应用前景十分广阔。通过不断创新材料应用技术，深化全生命周期设计理念，加强文化与环保的融合，未来的校园文创产品将在满足消费者需求的同时，实现社会效益、经济效益和环境效益的有机统一，为校园文化的传播和可持续发展作出更大的贡献。

# 第二章

# 校园文创学生创意团队的组建与培养

本章围绕校园文创学生创意团队的组建与培养，系统阐述了跨专业团队的组建模式、设计思维工作坊的开展及校园创客空间运营三大核心模块：在跨专业团队组建中，强调多专业（设计、营销、材料、传播等）互补的架构搭建，通过多轮招募选拔与协作沟通机制建立，形成创新能力与实践能力兼备的复合型团队；在设计思维工作坊中，以用户需求为导向，通过理念引入、问题定义、用户调研、创意构思、原型制作及测试反馈的完整流程，结合成果展示与多元化评估激励，培养学生系统创新与迭代优化能力；在校园创客空间运营中，通过完善硬件设施（分区布局、设备配置）、软件资源（素材库、管理软件）及导师资源整合，结合创意工作坊、竞赛与路演、交流分享等多样化活动组织，辅以人员、设备物资及安全管理策略，为团队提供实践平台与成长生态，最终实现校园文创创新型人才的培育与文创产品的高质量开发。

# 第一节
# 跨专业团队的组建模式

## 一、专业互补的团队架构搭建

在校园文创产品开发中，跨专业团队的组建是激发多元创意、提升产品综合品质的关键。一个理想的跨专业文创团队应涵盖设计学、市场营销学、材料科学、传播学等多个专业领域的学生。以设计专业学生为核心，负责文创产品的外观造型、视觉传达设计，赋予产品独特的美学价值与艺术感染力。如工业设计专业学生擅长产品的结构与功能设计，能够确保文创产品在兼具美观的同时具备良好的实用性；平面设计专业学生则在品牌形象塑造、包装设计等方面发挥专长，通过色彩搭配、图形创意等手段提升产品的视觉吸引力。

市场营销专业学生的加入为团队注入市场洞察与商业运营思维。他们通过市场调研，分析目标受众需求、竞争对手情况以及行业趋势，为文创产品的定位、定价、推广策略提供数据支持与决策依据。在产品开发前期，精准把握市场需求，引导设计方向，使文创产品更贴合消费者喜好；在产品上市后，制订有效的营销策略，提高产品的市场知名度与销量。

材料科学专业学生在团队中承担着可持续材料选择与应用的重要职责。

鉴于校园文创产品对环保理念的追求，他们凭借专业知识，筛选合适的生物基材料、再生材料、天然纤维材料等，并研究材料的加工工艺，确保材料性能满足产品设计要求，同时实现环保目标。例如，在开发一款可降解的校园文创笔记本时，材料科学专业学生能够根据笔记本的使用场景与性能需求，选择合适的生物降解塑料作为封面材料，并优化加工工艺，保证封面的耐用性与美观度。

传播学专业学生负责文创产品的品牌传播与推广策划。他们利用新媒体平台、校园活动等渠道，制定全方位的传播方案，提升产品的品牌影响力。通过撰写新闻稿、制作宣传视频、运营社交媒体账号等方式，讲述文创产品背后的故事，传播校园文化与环保理念，吸引更多消费者关注。

## 二、团队成员招募与选拔机制

为组建高素质的跨专业文创团队，需建立科学合理的成员招募与选拔机制。首先，发布广泛的招募通知，通过校园官网、社交媒体、校内公告栏等渠道，向全校学生宣传团队招募信息，明确团队的目标、任务、专业需求以及招募流程。然后，在招募通知中，突出团队对创新能力、团队协作精神的重视，吸引有相关特质与兴趣的学生报名。

对于报名者，设置多轮选拔环节。第一轮可采用简历筛选，重点关注报名者的专业背景、相关实践经验、参与过的项目或竞赛经历等，初步筛选出符合专业要求且有一定实践能力的候选人。第二轮进行面试，面试形式可包括个人陈述、小组讨论、专业问题问答等。个人陈述环节让候选人介绍自己对校园文创的理解、自身优势以及对团队的期望；小组讨论则模拟团队工作场景，给定一个文创产品设计或推广的主题，观察候选人在团队协作中的表现，如沟通能力、创意贡献、团队协调能力等；专业问题问答针对不同专业背景的候选人，考察其专业知识的掌握程度与应用能力。

此外，还可设置实践考核环节，要求候选人在规定时间内完成一个与校园文创相关的小任务，如设计一个简单的文创产品草图、撰写一份市场调研报告提纲或制订一个社交媒体推广方案等，通过实际操作进一步评估其专业技能与创新能力。通过多轮严格选拔，确保选拔出的团队成员具备扎实的专业基础、强烈的创新意识与良好的团队协作精神，为团队的高效运作奠定基础。

## 三、团队协作与沟通机制建立

跨专业团队由于成员专业背景不同，在协作过程中可能面临沟通障碍与工作方式差异等问题。因此，建立有效的团队协作与沟通机制至关重要。首先，明确团队成员的角色与职责，制定详细的团队分工表，确保每个成员清楚自己在项目中的任务与定位，避免职责不清导致的工作推诿与混乱。例如，在一个校园文创产品开发项目中，明确设计专业学生负责产品设计、市场营销专业学生负责市场调研与推广策划、材料科学专业学生负责材料选择与工艺指导等，各成员各司其职，又相互协作。

定期召开团队会议是促进沟通与协作的重要方式。团队会议可分为项目启动会、周例会、阶段性总结会等。在项目启动会上，明确项目目标、任务分工、时间节点等关键信息，让团队成员对整个项目有全面清晰的了解；周例会则用于汇报工作进展、讨论遇到的问题与解决方案，及时调整工作方向；阶段性总结会在项目的重要阶段结束后召开，对该阶段的工作进行全面总结，分享经验教训，为下一阶段工作提供参考。在会议中，鼓励成员积极发言，充分表达自己的想法与意见，促进不同专业观点的交流与碰撞。

利用现代信息技术搭建便捷的沟通平台，如使用项目管理软件进行任务分配与进度跟踪，团队成员可以实时查看任务详情、更新工作进展；通过即时通信工具如微信、钉钉等建立团队群，方便成员随时沟通交流，及时解决工作中的小问题；利用云存储平台共享项目资料，如设计图纸、调研报告、宣传素材等，确保团队成员能够获取最新的项目信息。

此外，开展团队建设活动也是增强团队凝聚力与协作能力的有效手段。通过户外拓展、文化交流、创意工作坊等活动，增进团队成员之间的了解与信任，培养团队协作精神与创新思维。例如，组织一次户外拓展活动，设置需要团队成员共同协作完成的任务，在活动中促进成员之间的沟通与配合，提升团队凝聚力。

# 第二节 设计思维工作坊的开展

## 一、设计思维理念引入与培训

设计思维是一种以人为本的创新方法，强调从用户需求出发，通过观察、调研、创意构思、原型制作、测试反馈等环节，迭代优化解决方案，最终实现创新产品或服务的开发。在校园文创产品开发中引入设计思维理念，能够引导学生突破传统思维定式，以更系统、更创新的方式进行文创产品设计。

组织设计思维理念培训活动，邀请设计思维领域的专家、学者或资深设计师为学生团队成员开展专题讲座。讲座内容涵盖设计思维的起源、发展、核心原则与方法，通过生动的案例分析，让学生了解设计思维在实际项目中的应用流程与效果。例如，讲解 IDEO 公司为美国银行设计新的分行体验的案例，展示如何通过深入观察用户行为、挖掘用户需求，运用头脑风暴产生创意，制作原型并进行测试优化，最终实现服务体验的创新。

在讲座基础上，开展设计思维工作坊培训课程。课程采用理论讲解与实践操作相结合的方式，将学生分成小组，给定与校园文创相关的设计主题，如“设计一款具有校园特色的环保文具”。在课程中，逐步引导学生运用设计思维方法开展项目。首先，指导学生进行用户调研，通过问卷调查、访谈、观察等方式，了解目标用户（如本校学生、教师、校友等）对文具的使用习惯、需求痛点以及对校园文化元素的喜好。然后，组织学生进行头脑风暴，鼓励小组成员不受限制地提出各种创意想法，并对这些想法进行筛选与整合，形成初步的设计概念。最后，指导学生运用简单材料制作设计概念的原型，如用卡纸、彩泥等制作文具的外观模型，并对原型进行测试，收集其他同学或教师的反馈意见，根据反馈意见对原型进行优化。通过这样的实践操作，让学生亲身体验设计思维的全过程，掌握设计思维方法与技巧。

## 二、以问题为导向的设计工作坊流程

以问题为导向的设计工作坊流程是设计思维在校园文创产品开发中的具体应用。工作坊通常围绕一个明确的校园文创问题或挑战展开，如“如何设计一款能够吸引年轻消费者的校园文创服饰，同时体现环保理念”。整个流程包括以下几个关键阶段。

问题定义阶段：在工作坊开始时，通过引导学生对问题进行深入分析，明确问题的核心与边界。组织学生开展小组讨论，分享对问题的初步理解与看法，鼓励学生从不同角度思考问题，如从消费者需求、市场竞争、环保要求、校园文化特色等方面进行分析。通过讨论，提炼出问题的关键要素，形成清晰明确的问题定义，例如“设计一款以可持续材料制作，融合校园标志性元素，符合年轻消费者时尚审美与舒适需求的服饰”。

用户调研阶段：问题定义后，学生团队进入用户调研环节。运用多种调研方法，如问卷调查、用户访谈、焦点小组讨论、观察法等，深入了解目标用户的需求、期望、行为习惯以及对校园文创服饰的认知与态度。例如，通过问卷调查收集大量潜在消费者对服饰款式、颜色、图案、材质的偏好数据；通过用户访谈，深入了解消费者购买校园文创服饰的动机、使用场景以及对环保材料的接受程度；通过观察法，观察消费者在日常生活中对服饰的穿着习惯与搭配方式。对调研数据进行整理与分析，挖掘用户的深层需求与痛点，为后续的创意构思提供依据。

创意构思阶段：基于用户调研结果，组织学生开展头脑风暴活动。在头脑风暴中，鼓励学生大胆提出各种创意想法，不受传统思维限制，追求创意的数量与多样性。可以采用多种头脑风暴技巧，如思维导图、SCAMPER 创新思维方法（即 Substitute 替代、Combine 合并、Adapt 适应、Modify 修改、Puttoanotheruse 用途改变、Eliminate 祛除、Reverse 反向）等，激发学生的创新思维。例如，运用思维导图，以校园文创服饰为核心主题，从材质、款式、图案、功能等方面展开联想，拓展创意思路；运用 SCAMPER 方法，对传统服饰进行创新思考，如是否可以用可降解的生物基材料替代传统面料、是否可以将校园建筑与自然景观图案进行合并设计等。对头脑风暴产生的创意想法进行筛选与评估，根据问题定义、用户需求以及可行性等标准，挑选出具有潜力的创意，进一步完善并形成设计概念。

原型制作阶段：将设计概念转化为实物原型，让创意可视化、可触摸、可测试。根据设计概念的特点与需求，选择合适的材料与制作方法。对于服饰设计，可以使用纸样、布料进行初步裁剪制作，快速搭建服饰原型，展示款式与结构；也可以利用 3D 建模软件制作虚拟原型，进行款式与图案的设计预览。在原型制作过程中，注重对细节的把握，尽可能还原设计概念的核心元素与特点。

测试反馈阶段：制作完成原型后，组织用户进行测试活动，邀请目标用户对原型进行试用与评价。收集用户的反馈意见，包括对原型的外观、功能、舒适度、环保属性等方面的评价与建议。对反馈意见进行整理与分析，找出原型存在的问题与不足之处。根据用户反馈，对原型进行修改与优化，形成新的迭代版本。通过多次测试反馈与迭代优化，不断完善设计方案，最终完成满足用户需求、解决初始问题的校园文创产品设计。

## 三、工作坊成果展示与评估

设计思维工作坊结束后，组织成果展示与评估活动，对学生在工作坊中的表现与成果进行全面评价，同时为学生提供展示创意与作品的平台，促进经验交流与分享。

成果展示：举办成果展示会，要求学生团队以多种形式展示工作坊的成果，如实物展示、展板展示、PPT 汇报、视频演示等。在实物展示区，陈列学生设计制作的校园文创产品原型，如文创文具、服饰、饰品、家居用品等，让观众能够直观感受产品的外观、材质与功能；展板展示区通过图文并茂的方式，展示项目的问题定义、用户调研过程与结果、创意构思过程、原型制作步骤等，呈现整个设计思维流程；PPT 汇报环节，学生团队成员通过演示文稿，详细讲解项目的背景、目标、设计思路、创新点以及成果应用前景等内容，配合生动的案例与数据，增强汇报的说服力；视频演示则通过制作精美的宣传视频，展示文创产品的设计亮点、使用场景以及用户体验，吸引观众的注意力。

评估指标与方法：建立科学合理的评估指标体系，从多个维度对学生团队的表现与成果进行评估。评估指标包括问题理解与定义能力、用户调研质量、创意创新性、原型制作质量、团队协作能力、成果展示效果等。例如，在问题理解与定义能力方面，考察学生是否准确把握问题核心，清晰界定问题边界，提出合理的问题解决方案目标；在用户调研质量方面，评估调研方法的合理性、样本的代表性、数据的准确性与完整性以及对用户需求的挖掘深度；在创意创新性方面，评价创意的新颖性、独特性以及问题的相关性和可行性；在原型制作质量方面，考量原型是否准确体现设计概念，材料选择是否合适，制作工艺是否精细，产品功能是否满足需求；在团队协作能力方面，观察团队成员之间的沟通效率、分工合理性、协作默契程度以及问题解决能力；在成果展示效果方面，评估展示内容的完整性、逻辑性、吸引力以及展示形式的多样性与创新性。

评估方法采用多元化方式，包括教师评价、学生自评、学生互评以及用户评价。教师评价由参与工作坊指导的专业教师根据评估指标体系，对学生团队的表现进行全面评价，给出专业意见与建议；学生自评让团队成员对自己在工作坊中的表现进行反思与总结，评估自己在团队中的贡献、能力提升以及存在的不足；学生互评则组织不同团队之间相互评价，促进学生之间的学习与交流，从不同视角发现问题与优点；用户评价邀请目标用户对文创产品原型进行评价，从消费者角度反馈产品的市场接受度与改进方向。综合各方评价结果，形成对学生团队工作坊成果的全面、客观评价。

激励机制：为鼓励学生积极参与设计思维工作坊，提高创新能力与实践能力，建立相应的激励机制。对在工作坊中表现优秀的团队与个人进行表彰与奖励，奖励形式包括荣誉证书、奖金、奖品、项目推荐机会等。例如，设立“最佳创意团队奖”“最佳原型制作奖”“最佳团队协作奖”“优秀个人奖”等多个奖项，对获奖团队与个人颁发荣誉证书与奖金，激励学生在未来的学习与实践中继续发挥创新精神与团队协作精神；对于特别优秀的文创产品设计成果，推荐参加各类文创设计竞赛、创新创业项目孵化，为学生提供更广阔的发展平台，进一步激发学生的创新热情与积极性。

## 第三节 校园创客空间运营

### 一、创客空间设施与资源配置

校园创客空间作为学生创意实践的重要场所，需要配备完善的设施与丰富的资源，以满足学生在文创产品设计、制作、测试等环节的需求。

硬件设施：在空间布局上，合理划分不同功能区域，包括创意设计区、制作加工区、材料存储区、展示交流区等。创意设计区配备专业设计软件的电脑设备、绘图工具、投影仪、白板等，为学生提供舒适便捷的创意构思与设计环境；制作加工区根据文创产品制作需求，配备3D打印机、激光切割机、数控雕刻机、缝纫机、手工工具等设备，满足学生对不同材料的加工制作要求。例如，3D打印机可用于制作文创产品的原型模型，将学生的创意快速转化为实物；激光切割机能够对木材、亚克力、皮革等材料进行精确切割与雕刻，制作出精美的图案与造型；缝纫机用于制作文创服饰、布艺产品等。材料存储区分类存放各种可持续材料，如生物基材料（聚乳酸板材、秸秆纤维颗粒、竹纤维织物等）、再生材料（再生纸、再生塑料颗粒、再生金属片等）、天然纤维材料（棉、麻、丝、羊毛等），以及传统制作材料，方便学生在项目中根据设计需求选择合适材料。展示交流区设置展示架、展板、多媒体设备等，用于展示学生的文创作品，举办产品发布会、创意分享会、项目路演等活动，促进学生之间的交流与合作。

软件资源：除硬件设施外，校园创客空间还需提供丰富的软件资源支持。建立设计素材库，收集整理各类图片、图标、字体、纹理等设计素材，方便学生在设计过程中获取灵感与素材资源；订阅专业设计杂志、数据库，如《装饰》《设计》等设计类期刊，以及中国知网、万方数据等学术数据库，让学生能够及时了解设计行业最新动态、研究成果，拓宽设计视野；引入项目管理软件，如Trello、Asana等，帮助学生团队进行项目任务分配、进度跟踪、文件共享等管理工作，提高项目执行效率。

导师资源：为指导学生在创客空间更好地开展创意实践活动，组建专业导师团队。导师团队成员包括校内设计专业教师、材料科学教师、市场营销教师等，以及校外文创企业设计师、工程师、营销专家等。校内教师熟悉学生特点与校园文化，能够在设计理论、专业知识、项目指导等方面给予学生系统指导；校外专家具有丰富的行业实践经验，能够为学生带来市场前沿信息、实际项目案例以及企业运营管理经验。定期邀请导师团队成员到创客空间开展讲座、培训、项目指导等活动，与学生进行面对面交流，解答学生在项目中遇到的问题，指导学生完善设计方案、优化产品制作工艺、制定市场营销策略等，助力学生创意项目的顺利推进。

## 二、创客空间活动组织与管理

校园创客空间作为培养学生创新思维与实践能力的重要平台，承载着激发创意、孵化项目、促进交流的重要使命。而丰富且优质的活动是创客空间保持活力、发挥作用的关键。科学合理的活动组织与管理，能够吸引学生积极参与，充分利用创客空间资源，在实践中提升创新能力、团队协作能力与解决实际问题的能力，同时也有助于营造浓厚的校园创新文化氛围。因此，深入研究校园创客空间活动的组织与管理具有重要的现实意义。

### （一）校园创客空间活动类型

1. 创意工作坊

创意工作坊是校园创客空间最常见的活动形式之一，旨在通过专题培训与实践操作，提升学生的创意设计与实践能力。根据不同主题，创意工作坊可分为设计类、技术类、文化类等多种类型。

设计类创意工作坊聚焦文创产品的外观设计、平面设计、交互设计等领域。例如，“校园文创产品包装设计工作坊”，邀请专业设计师担任导师，向学生传授包装设计的基本原则、色彩搭配技巧、图形创意方法等理论知识，并指导学生运用设计软件或手绘工具，围绕校园文化元素进行包装设计实践。学生在工作坊中，从概念构思到方案细化，逐步完成独具特色的校园文创产品包装设计作品。

技术类创意工作坊侧重于3D打印技术、激光切割技术、电子编程等实践技能的培训。以“3D打印创意实践工作坊”为例，导师会讲解3D打印的原理、软件操作流程以及模型设计要点，学生通过学习，使用3D建模软件设计文创产品模型，再利用创客空间的3D打印机将模型打印出来，亲身体验从创意到实物的转化过程。

文化类创意工作坊则结合校园文化、地域文化或传统文化，开展文创产品的创意开发活动。如“非遗文化文创设计工作坊”，邀请非遗传承人走进创客空间，向学生介绍非遗技艺的历史与特色，学生在传承人的指导下，将非遗元素融入文创产品设计中，实现传统文化的创新传承。

2. 竞赛与路演活动

竞赛与路演活动能够激发学生的创新热情与竞争意识，为学生提供展示创意成果的平台。校园创客空间可举办或承办各类文创产品设计竞赛、创新创业大赛等。

文创产品设计竞赛围绕特定主题或需求展开，如“校园文化创意产品设计大赛”，鼓励学生以校园标志性建筑、校史故事、校训精神等为灵感，设计具有创新性、实用性和文化内涵的文创产品。竞赛设置初赛、复赛、决赛等环节，初赛阶段学生提交设计方案，经过专家评审后，优秀作品进入复赛，复赛中选手需制作产品原型并进行现场展示与答辩，最终评选出获奖作品。

创新创业路演活动则更注重项目的商业可行性与市场前景。学生团队将自己的文创产品项目进行包装，通过 PPT 演示、实物展示、现场讲解等方式，向评委和观众介绍项目的创意来源、产品设计、市场分析、营销策略、财务规划等内容。评委根据项目的创新性、可行性、团队表现等方面进行评分，并给予专业的指导建议。通过竞赛与路演活动，学生不仅能够提升自身的项目策划与展示能力，还有机会获得项目孵化、投资合作等资源支持。

3. 交流分享活动

交流分享活动有助于促进学生之间、学生与业界人士之间的思想碰撞与经验交流。此类活动包括学术讲座、行业沙龙、校友分享会等。

学术讲座邀请高校教授、专家学者围绕文创产业发展趋势、设计理论前沿、新材料应用等主题进行演讲，拓宽学生的学术视野，丰富学生的理论知识储备。例如，举办“可持续材料在文创产品中的应用趋势”讲座，专家通过分析国内外案例，讲解生物基材料、再生材料等在文创领域的创新应用，激发学生对新材料应用的探索兴趣。

行业沙龙则以轻松自由的形式，组织学生与文创企业设计师、市场营销人员、行业创业者等进行交流。在沙龙活动中，参与者围绕特定话题展开讨论，如“校园文创产品的市场推广策略”，企业人士分享实际工作中的经验与案例，学生提出自己的疑问与想法，双方共同探讨解决方案，使学生更好地了解行业动态与市场需求。

校友分享会邀请优秀校友回到校园，分享他们在文创领域的创业经历、职业发展路径以及在创客空间的成长故事。校友以自身的亲身经历激励在校学生，为学生提供宝贵的经验借鉴与职业规划建议，增强学生对文创行业的信心与向往。

### （二）校园创客空间活动组织流程

1. 活动策划与立项

活动策划是活动组织的首要环节，需明确活动目标、主题、形式、时间、地点、参与对象等要素。活动策划团队应根据校园创客空间的定位、学生需求以及当前文创行业热点，确定活动主题。例如，结合学校校庆活动，策划“校庆主题文创产品设计工作坊”；根据学生对新媒体营销的兴趣，开展“校园文创产品新媒体推广路演大赛”。

在确定主题后，制定详细的活动方案，包括活动流程安排、人员分工、资源需求、预算规划等。活动流程安排需合理设置各个环节的时间节点，确保活动有序进行；人员分工明确每个成员的职责，如活动总策划、宣传推广负责人、场地布置人员、物资采购人员等；资源需求列出所需的设备、材料、嘉宾邀请名单等；预算规划对活动各项费用进行预估，包括场地租赁、嘉宾酬金、物资采购、宣传费用等。

完成活动方案后，提交给创客空间管理部门或相关负责人进行立项审批。在审批过程中，对活动方案的可行性、创新性、预算合理性等方面进行评估，通过审批后，正式确定活动立项，进入筹备阶段。

2. 资源整合与筹备

资源整合是活动成功举办的关键保障。在人员资源方面，邀请专业导师、嘉宾参与活动。对于创意工作坊，邀请高校教师、企业设计师担任导师；对于讲座、沙龙等活动，邀请行业专家、学者、创业者作为嘉宾。与嘉宾沟通活动主题、时间、内容要求等细节，确定嘉宾行程安排。

设备与材料资源的筹备需根据活动需求进行。如举办 3D 打印工作坊，需提前检查3D打印机的运行状态，准备足够的打印材料；开展文创产品制作活动，要准备好各类手工工具、原材料等。同时，确保活动场地的设备设施齐全，如投影仪、音响系统、桌椅等，并进行调试与布置，营造良好的活动氛围。

宣传推广资源的整合也至关重要。通过校园官网、社交媒体平台（微信公众号、微博、抖音等）、校内公告栏、班级群等渠道发布活动通知，介绍活动内容、报名方式、时间地点等信息。设计吸引人的活动海报、宣传视频，提升活动的曝光度与吸引力。此外，还可以与校内社团、学生会合作，扩大宣传范围，吸引更多学生参与活动。

3. 活动执行与监控

活动执行阶段需严格按照活动方案推进各项工作。活动开始前，再次检查场地布置、设备调试、物资准备等情况，确保一切就绪。活动过程中，工作人员各司其职，维护现场秩序，保障活动顺利进行。对于讲座、分享会等活动，安排专人负责嘉宾接待、现场主持、摄影摄像等工作；对于竞赛、工作坊等活动，做好选手签到、作品评审、实践指导等环节的组织。

同时，建立活动监控机制，及时处理活动中出现的突发情况。如遇设备故障、嘉宾迟到、现场秩序混乱等问题，工作人员应迅速采取应对措施，确保活动不受影响。可以安排专人负责活动现场的巡查与协调，随时关注活动进展，收集参与者的反馈意见，对活动流程进行适时调整与优化，提升活动体验。

4. 活动总结与评估

活动结束后，进行全面的总结与评估是提升活动质量的重要环节。总结活动的组织过程、参与情况、取得的成果以及存在的问题。通过收集参与者的反馈问卷、现场观察记录、活动数据统计等方式，对活动进行客观评估。

评估指标包括活动目标达成度、参与者满意度、活动影响力等。活动目标达成度主要考察活动是否实现了预期的教学、实践、交流等目标；参与者满意度通过问卷调查了解参与者对活动内容、形式、组织安排等方面的评价；活动影响力则从参与人数、媒体报道、后续项目孵化等方面进行衡量。

根据总结与评估结果，撰写活动总结报告，分析活动的优点与不足，提出改进建议，为今后的活动组织提供经验参考。对于优秀的活动案例，进行宣传推广，扩大活动的影响力，同时对表现突出的工作人员、参与者进行表彰与奖励，激励更多人参与到创客空间活动中来。

### （三）校园创客空间活动管理策略

1. 人员管理

人员管理涵盖创客空间工作人员、活动参与者以及嘉宾导师等。对于创客空间工作人员，明确岗位职责，制定绩效考核制度，定期进行培训与考核，提升其专业素养与服务水平。工作人员需具备活动组织策划、设备操作维护、技术指导等能力，能够为活动提供全方位的支持。

对活动参与者进行规范管理，建立报名审核、考勤记录、活动反馈等机制。在报名阶段，根据活动要求对参与者进行筛选，确保参与者具备相应的基础与能力；活动过程中，严格考勤管理，记录参与者的出勤情况；活动结束后，收集参与者的反馈意见，了解其需求与建议，为后续活动改进提供依据。

对于嘉宾导师，建立良好的沟通与合作机制。提前与嘉宾导师沟通活动需求，尊重其专业意见，为嘉宾导师提供良好的接待与服务。活动结束后，对嘉宾导师的支持表示感谢，并保持长期联系，为今后的合作奠定基础。

2. 设备与物资管理

校园创客空间配备了各类设备与物资，科学的管理能够延长设备使用寿命，保障物资合理使用。建立设备台账，详细记录设备的名称、型号、数量、购置时间、使用情况等信息，定期对设备进行维护保养与检修，确保设备正常运行。制定设备使用规范与操作流程，对使用者进行培训，避免因操作不当导致设备损坏。

物资管理方面，设立物资仓库，对材料、工具、耗材等物资进行分类存放与登记。建立物资采购、领用、归还制度，严格控制物资的出入库，定期进行物资盘点，确保物资账实相符。对于消耗性物资，根据活动需求提前采购储备；对于贵重物资，加强管理，防止丢失或损坏。

3. 安全管理

安全管理是校园创客空间活动顺利开展的重要保障。制定完善的安全管理制度，包括场地安全、设备安全、操作安全等方面的规定。对创客空间场地进行定期安全检查，确保消防设施齐全、通道畅通、用电安全。

在设备使用安全方面，对具有一定危险性的设备，如激光切割机、数控雕刻机等，设置安全警示标识，配备防护设备，安排专人进行操作指导与监督。对参与者进行安全教育培训，讲解安全操作规程与应急处理方法，提高参与者的安全意识与自我保护能力。

此外，制定应急预案，针对可能出现的火灾、设备故障、人员受伤等突发情况，明确应急处理流程与责任分工，定期进行应急演练，确保在突发情况下能够迅速、有效地进行应对，保障人员生命财产安全。

校园创客空间活动的组织与管理是一项系统性、综合性的工作。通过丰富多样的活动类型设计，科学规范的组织流程实施，以及全面有效的管理策略应用，能够充分发挥校园创客空间的功能与价值，激发学生的创新活力与实践能力，培养适应时代需求的创新型人才。在未来的发展中，应不断探索创新活动形式与管理方法，结合校园文化特色与行业发展趋势，持续优化校园创客空间活动生态，为校园文创产业发展与创新教育改革注入新的动力。

# 第四章

# 校园文创产品开发全流程管理

在文化产业蓬勃发展的时代背景下，校园文创产品作为校园文化的创新表达形式，日益受到关注。它以独特的创意和丰富的文化内涵，将校园文化元素与现代产品设计相结合，满足了师生、校友以及社会公众对校园文化的情感需求与消费需求。然而，校园文创产品的开发并非一蹴而就的，而是一个涉及多个环节、多种资源整合的复杂过程。如何对这一过程进行科学有效的管理，成为决定校园文创产品能否成功推向市场、实现其价值的关键因素。因此，深入研究校园文创产品开发的全流程管理具有重要的现实意义。

# 第一节
# 市场调研与需求分析

## 一、明确调研目标与范围

在启动校园文创产品开发项目之前，首先要明确市场调研的目标。调研目标应紧密围绕产品开发的核心需求，例如了解目标受众对校园文创产品的需求偏好、市场竞争态势以及潜在的市场机会等。同时，确定调研的范围，包括目标受众群体、地理区域以及涉及的文创产品类型等。对于校园文创产品而言，目标受众主要包括在校师生、校友、学生家长以及对校园文化感兴趣的社会公众。地理区域可以根据学校的影响力范围，从校园内部逐渐拓展到所在城市、全国乃至国际市场。调研的文创产品类型则涵盖文具、饰品、服饰、家居用品、电子产品等多个领域。

## 二、调研方法选择与实施

### （一）问卷调查法

问卷调查是收集大规模数据的常用方法。设计问卷时，需精心构建问题体系，涵盖受众的基本信息（如年龄、性别、身份、与学校的关系等）、对校园文创产品的认知程度、购买动机、消费偏好（包括产品类型、设计风格、价格区间、功能需求等）以及获取产品信息的渠道等方面。通过线上问卷平台（如问卷星、腾讯问卷等）和线下实地发放相结合的方式，广泛收集数据。为提高问卷的回收率与有效性，可在学校官网、社交媒体平台、校园内显眼位置发布问卷链接，并设置适当的奖励机制，如参与问卷调研可获得文创产品优惠券、小礼品等。

### （二）访谈法

访谈法能够深入了解受众的观点和需求。可采用一对一访谈和焦点小组访谈两种形式。一对一访谈主要针对学校的知名校友、资深教师、校园文化专家等，他们对校园文化有着深刻的理解与独特的见解，通过深入交流，能够挖掘出具有深度和独特性的文化元素与创意方向。焦点小组访谈则选取不同年级、专业、身份的学生和教职工代表组成小组，围绕校园文创产品的话题展开讨论，激发群体思维，获取多样化的需求信息与创意灵感。访谈过程中，访谈者要保持中立客观的态度，灵活引导话题，确保访谈的顺利进行，并做好详细记录。

### （三）观察法

观察法通过直接观察目标受众的行为、态度和环境来收集信息。在校园内的图书馆、食堂、教室、活动中心等场所，观察师生的日常行为、使用的物品以及对校园环境元素的关注程度，了解他们在实际生活场景中对校园文化元素的潜在需求与应用场景。例如，观察学生在学习过程中对文具的使用习惯和需求特点，以及对校园标志性建筑、景观等元素的情感认同。同时，关注校园内举办的各类活动，如校庆、毕业典礼、文化节等，观察参与者对活动纪念品、周边产品的反应与喜好，为文创产品的设计与开发提供现实依据。

### （四）数据分析与解读

运用统计分析软件（如 SPSS、Excel 等）对收集到的问卷数据进行处理，计算各项指标的均值、频率、相关性等统计量，通过数据图表（如柱状图、折线图、饼图等）直观展示数据分布与趋势。对于访谈记录和观察笔记，采用内容分析法进行整理与归纳，提炼出关键主题、观点和需求信息。将不同调研方法获得的数据与信息相互印证，综合分析，深入解读目标受众的需求特征、市场竞争态势以及潜在的市场机会。例如，通过数据分析发现，年轻一代消费者（如在校学生）对具有个性化、科技感、环保属性的文创产品需求较高，且更倾向于通过社交媒体获取产品信息；而校友群体则对具有纪念意义、能够唤起校园回忆的文创产品更为关注，购买意愿较强。基于这些分析结果，为后续的产品定位与创意设计提供有力的数据支持。

# 第二节

# 创意构思与设计

## 一、校园文化元素挖掘

校园文化元素是校园文创产品的灵魂所在，深入挖掘丰富多样的校园文化元素是创意构思的基础。校园文化元素涵盖多个方面。

### （一）历史文化

梳理学校的发展历程，包括重要的历史事件、建校背景、知名校友事迹等。例如，某高校在百年校庆之际，将学校创办初期的校徽、老照片、首任校长的手迹等元素融入文创产品设计中，推出了一系列具有历史纪念意义的产品，深受校友喜爱。

### （二）建筑景观

选取校园内具有代表性的建筑、雕塑、景观等作为设计元素。如清华大学的清华园校门、北京大学的未名湖与博雅塔等标志性建筑，常常出现在两校的文创产品中，成为校园文化的重要象征。这些建筑元素可以通过写实、抽象、卡通等多种表现手法融入产品设计，展现校园的独特风貌。

### （三）学科特色

结合学校的学科优势与专业特点，提取相关的专业符号、实验仪器、学术成果等元素。例如，理工科院校可以将数学公式、物理模型、化学结构式等元素进行艺术化处理，应用于文创产品设计，体现学校的学术氛围与专业特色；艺术院校则可以将学生的优秀艺术作品、艺术创作工具等元素融入产品设计，展示学校的艺术底蕴。

### （四）校园精神与价值观

提炼学校的校训、校风、学风等精神理念，以及学校所倡导的创新、团结、奉献等价值观，通过文字、图形、色彩等设计语言将其具象化。如某学校以“创新”为核心价值观，在文创产品设计中运用富有动感的线条、明亮的色彩以及独特的造型，传达创新精神，激发用户的共鸣。

### （五）校园生活

关注师生的校园生活场景，如课堂教学、社团活动、校园运动会等，将这些充满活力与情感的生活元素融入产品设计中，使文创产品更具亲和力与生活气息。例如，设计一款以校园社团活动为主题的拼图，将不同社团的标志与活动场景组合在一起，既展现了校园丰富多彩的文化生活，又具有趣味性与互动性。

## 二、创意生成与筛选

### （一）头脑风暴法

组织跨专业的创意团队，包括设计专业学生、教师、市场营销人员、校园文化研究者等，开展头脑风暴活动。在头脑风暴过程中，鼓励团队成员自由发挥想象力，围绕挖掘出的校园文化元素，提出各种新颖独特的创意想法。不批评、不限制任何想法，追求创意的数量与多样性。例如，针对校园建筑元素的应用，团队成员可能提出将校园建筑设计成立体拼图、制作成建筑模型钥匙扣、设计成可折叠的建筑造型灯具等创意。

### （二）思维导图法

以校园文化元素为核心主题，运用思维导图工具，引导团队成员从不同角度进行联想与拓展。例如，以校园的一棵标志性大树为核心元素，通过思维导图可以延伸出大树的四季变化、与大树相关的校园故事、大树的形态特征（如树干纹理、树枝形状、树叶颜色等）、大树在生态环境中的作用等分支主题，每个分支主题又可以进一步细化，从而产生丰富的创意灵感。通过思维导图的可视化呈现，有助于团队成员全面系统地思考问题，发现不同元素之间的关联与创意结合点。

### （三）创意筛选标准

从可行性、市场需求、创新性、文化契合度等多个维度对生成的创意进行筛选。可行性包括技术可行性（是否具备实现创意的技术条件与工艺水平）、经济可行性（创意实现的成本是否在可接受范围内，产品是否具有合理的利润空间）以及时间可行性（能否在规定的时间内完成产品开发）。市场需求则根据前期市场调研结果，判断创意是否符合目标受众的需求偏好与市场趋势。创新性要求创意具有独特新颖的视角与表现形式，能够在市场中脱颖而出。文化契合度强调创意与校园文化的紧密结合，准确传达校园文化内涵与特色。例如，一个将校园文化元素与虚拟现实技术相结合的创意，虽然具有较高的创新性和市场吸引力，但如果在技术实现上存在较大困难，且开发成本过高，可能就需要谨慎考虑；而一个简单但巧妙地将校园标志与日常文具相结合的创意，既符合市场对实用型文创产品的需求，又具有良好的文化契合度和较低的开发成本，则可能具有较高的可行性与开发价值。

## 三、设计方案制定与优化

### （一）多方案设计

对于筛选出的有潜力的创意，组织设计团队制定详细的设计方案。每个创意至少生成两个不同风格或表现形式的设计方案，以满足不同受众的审美需求与市场细分要求。例如，对于一款以校园历史建筑为主题的文创产品，可以设计出复古风格、现代简约风格、卡通动漫风格等多种设计方案。复古风格方案通过细腻的色彩还原和精致的纹理绘制，展现建筑的历史韵味；现代简约风格方案则运用简洁的线条和明快的色彩，突出建筑的几何形态与现代感；卡通动漫风格方案将建筑形象进行拟人化或夸张化处理，赋予其活泼有趣的个性，吸引年轻消费者。

### （二）用户反馈与优化

将设计方案通过线上线下相结合的方式展示给目标受众，收集用户反馈意见。线上可以在学校官网、社交媒体平台、文创产品专属网站等设置反馈渠道，邀请用户对设计方案进行评价与建议；线下可以在校园内举办设计方案展示活动，直接与师生、校友等目标受众进行面对面交流，听取他们的意见。根据用户反馈，对设计方案进行优化调整。重点关注用户对产品外观设计、功能设置、文化元素表达等方面的意见，如用户认为某个设计方案中的色彩搭配过于刺眼，或者某个功能设计不够实用等，设计团队应根据这些反馈对方案进行针对性优化，不断提升设计方案的质量与用户满意度。

# 第三节
# 产品制作与生产

## 一、供应商选择与管理

### （一）供应商调研与评估

根据产品设计方案的要求，对潜在的供应商进行广泛调研。调研内容包括供应商的生产能力（如生产设备、生产规模、生产效率等）、产品质量（过往产品质量表现、质量控制体系等）、价格水平（原材料成本、加工费用、运输费用等）、交货期保障能力（是否能够按时交付产品）、环保与社会责任履行情况（是否采用环保生产工艺、是否遵守劳动法规等）以及售后服务水平（产品售后维修、退换货政策等）。通过实地考察、查阅供应商资料、与其他合作方交流等方式，收集供应商信息，并运用层次分析法、模糊综合评价法等评估方法对供应商进行综合评估，筛选出符合要求的优质供应商。

### （二）合作协议签订

与选定的供应商签订详细的合作协议，明确双方的权利与义务。协议内容包括产品规格与质量标准（详细规定产品的尺寸、材质、工艺要求、质量检验标准等）、价格条款（确定产品单价、价格调整机制、付款方式与时间等）、交货期与交货方式（明确产品的交付时间、交付地点以及运输方式等）、知识产权保护条款（确保供应商不会擅自使用产品设计中的知识产权信息，保障学校的权益）、违约责任与争议解决方式（规定双方在违约情况下应承担的责任以及解决争议的途径，如协商、仲裁或诉讼）等。通过签订严谨的合作协议，为双方的合作提供法律保障，避免在合作过程中出现纠纷。

### （三）供应商关系维护

在合作过程中，注重与供应商建立长期稳定的合作关系。定期与供应商沟通交流，了解生产进度、产品质量情况以及遇到的问题，及时协调解决。对供应商的优秀表现给予肯定与奖励，如在后续项目中优先考虑合作、给予一定的价格优惠或订单增量等；对于出现的问题，以合作的态度共同分析原因，提出改进措施，并跟踪整改效果。同时，关注供应商的发展动态，在可能的情况下，为供应商提供技术支持、市场信息等帮助，实现双方的互利共赢。

## 二、生产过程监控

### （一）生产计划制订与跟踪

根据市场需求预测和订单情况，与供应商共同制订详细的生产计划。生产计划应明确各阶段的生产任务、时间节点以及责任人，确保生产过程有序进行。建立生产进度跟踪机制，通过定期召开生产进度会议、要求供应商提交生产进度报告、利用信息化管理系统实时监控生产进度等方式，及时掌握生产动态。如发现生产进度滞后，要及时分析原因，采取相应的措施进行调整，如增加生产设备、调配人力资源、优化生产流程等，确保产品能够按时交付。

### （二）质量控制体系建立

构建完善的质量控制体系，从原材料采购、生产加工、成品检验等各个环节确保产品质量。在原材料采购环节，要求供应商提供原材料的质量检测报告，对原材料进行抽检，确保原材料符合设计要求的质量标准。在生产加工过程中，派驻质量检验人员到生产现场，对关键生产工序进行实时监控，检查生产工艺是否符合规定要求，及时发现并纠正生产过程中的质量问题。建立成品检验制度，制定详细的检验标准与流程，对每一批次的产品进行全面检验，检验内容包括产品外观、尺寸精度、功能性能、包装质量等方面。只有检验合格的产品才能进入下一环节，对于不合格产品，要求供应商进行返工或报废处理，严格把控产品质量关。

### （三）成本控制策略

在保证产品质量和生产进度的前提下，采取有效的成本控制策略。通过与供应商谈判争取更优惠的原材料采购价格、优化产品设计降低生产工艺复杂度、合理安排生产计划提高生产效率、加强库存管理减少库存积压等方式，降低生产成本。同时，对运输、包装等环节的费用进行精细化管理，选择性价比较高的运输方式和包装材料，控制物流成本。建立成本核算与分析制度，定期对产品成本进行核算，分析成本构成，找出成本控制的关键点与潜在的成本节约空间，不断优化成本控制策略，提高产品的经济效益。

## 三、产品包装与物流管理

### （一）包装设计

产品包装不仅具有保护产品、方便运输的功能，还具有重要的营销与品牌传播作用。包装设计应与产品的定位、风格相契合，充分体现校园文化特色。在包装材料选择上，优先考虑环保可降解材料，如纸质包装、生物降解塑料包装等，既符合现代环保理念，又能提升产品的形象。包装外观设计要注重创意与美感，运用校园文化元素、产品特色图案、品牌标识等设计元素，达到具有吸引力的包装视觉效果。例如，一款以校园风景为主题的文创产品，可以将校园的美丽风景绘制在包装盒上，采用开窗设计，让消费者在不打开包装的情况下就能直观看到产品的部分细节，增加产品的吸引力。同时，要注重包装的实用性与便利性，合理设计包装尺寸、结构，确保产品在包装内稳固安全，便于搬运、存储与携带。

### （二）物流合作伙伴选择

选择可靠的物流合作伙伴是确保产品顺利配送的关键。对物流企业进行综合评估，包括物流网络覆盖范围（是否能够覆盖目标市场的各个区域）、运输能力（拥有的运输车辆、船舶、飞机等运输工具的数量与类型）、运输时效性（平均运输时间、准时交货率等指标）、物流服务质量（货物装卸、存储、配送过程中的服务水平，如货物损坏率、丢失率等）、物流成本（运输费用、仓储费用、保险费用等）以及信息化水平（是否具备物流信息实时跟踪系统，方便客户查询货物运输状态）等方面。通过招标、询价、实地考察等方式，筛选出符合要求的物流企业，并与其签订物流服务合同，明确双方的权利与义务，确保物流服务的质量与稳定性。

### （三）物流配送管理

建立物流配送管理系统，对产品的物流配送过程进行全程监控与管理。在产品发货前，准确录入产品信息、订单信息、客户信息以及物流配送信息，确保信息的准确性与完整性。通过物流信息跟踪系统，实时掌握货物的运输状态，及时向客户反馈货物的配送进度。加强与物流企业的沟通协调，及时解决物流配送过程中出现的问题，如运输延误、货物损坏或丢失等。对于客户提出的物流相关问题与投诉，要及时响应，积极协调解决，提高客户满意度。

# 第五章

# 校园文创线上线下融合营销体系

校园文创线上线下融合营销体系围绕校园文化传承与商业价值挖掘，系统构建了三大核心模块：其一为校园 IP 的孵化与运营，通过精准定位、形象设计、内容创作及线上线下传播推广，结合商业变现与粉丝运营，强化 IP 文化价值与市场影响力，实现校园文化的活态传承与经济转化；其二为校友经济与情感营销，以校友情感需求为纽带，开发特色文创产品、策划情感互动活动并搭建交流平台，激活校友资源，推动校园文化传播与经济潜力挖掘；其三为校园快闪店运营实务，通过前期定位筹备、中期人员与活动执行及后期数据复盘优化，以临时性、话题性的场景体验吸引关注，提升文创产品销售与校园文化曝光率。三者协同发力，构建线上线下联动的营销生态，助力校园文创产业可持续发展，实现文化影响力与经济效益的双赢。

# 第一节
# 校园 IP 的孵化与运营

在文化创意产业蓬勃发展的当下，IP（知识产权）已成为极具价值的文化符号与商业资产。校园 IP 作为校园文化的具象化表达，不仅承载着学校的历史、精神与特色，更是连接学校与师生、校友、社会的重要桥梁。成功的校园 IP 孵化与运营，能够有效提升学校的品牌知名度与文化影响力，激发师生的归属感与自豪感，同时还能挖掘商业价值，推动校园文创产业发展。

## 一、校园 IP 的定位与价值挖掘

### （一）明确 IP 核心定位

校园 IP 的定位是孵化运营的基础，需深入挖掘学校独特的文化基因，结合学校的历史底蕴、学科特色、地域文化等元素，明确校园 IP 的核心价值与个性特征。例如，以理工科见长的高校，可将 IP 定位为“科技探索先锋”，突出学校在科研创新方面的优势；具有深厚历史文化底蕴的高校，可将 IP 定位为“文化传承使者”，强调对传统文化的弘扬与创新。在定位过程中，要充分考虑目标受众的需求与喜好，如针对年轻学生群体，IP 形象与内容应更具时尚感与趣味性；对于校友群体，IP 则需唤起他们对校园生活的回忆与情感共鸣。

### （二）挖掘 IP 多元价值

校园 IP 具有文化、教育、商业等多元价值。在文化价值方面，IP 是校园文化的生动载体，能够将抽象的校训、校史、校园精神等转化为具体可感的形象与故事，促进校园文化的传承与传播。例如，北京大学的“未名猫”IP，以校园内的流浪猫为原型，通过漫画、短视频等形式展现校园生活，传递出北大自由包容的文化氛围。

教育价值体现在 IP 可作为教育教学的辅助工具。通过 IP 形象设计相关的课程、活动，如 IP 主题的文创设计课程、校园文化知识竞赛等，能够激发学生的学习兴趣，增强学生对校园文化的认同感与归属感。

商业价值则是校园 IP 运营的重要延伸。通过开发 IP 衍生产品，如文具、服饰、玩具等文创商品，以及开展 IP 授权合作，实现 IP 的商业变现，为学校文化建设与文创产业发展提供资金支持。如清华大学的“清华印象”IP，其衍生的文创产品在市场上广受欢迎，取得了良好的经济效益。

## 二、校园 IP 的孵化过程

### （一）形象设计与塑造

校园 IP 的形象设计是孵化的关键环节，直接影响 IP 的吸引力与辨识度。形象设计可从外观、性格、背景故事等方面入手。外观设计要简洁鲜明、富有特色，能够体现学校的文化元素。中国地质大学“酷格”IP，以矿物晶体为创作原型，运用卡通的表现手法，通过拟人化设计，塑造出一个手持地质锤的智能机器人的形象，展现出地大人坚毅笃定、昂扬向上、追求卓越、开拓进取的精神风貌。

性格塑造要赋予 IP 独特的个性特征，使其形象更加立体生动。如复旦大学的“复旦熊”IP，被设定为聪明好学、积极向上的形象，与学校的学术氛围相契合。背景故事的创作则能增强 IP 的文化内涵与情感共鸣，通过讲述 IP 与校园的故事，让受众更好地理解与认同 IP。例如，浙江大学的“求是鹰”

IP，其故事围绕学校“求是创新”的校训展开，展现了浙大学子追求真理、勇于创新的精神风貌。

### （二）内容创作与丰富

丰富的内容是校园 IP 持续发展的动力源泉。内容创作可涵盖文学、动漫、影视、短视频等多种形式。在文学创作方面，可编写 IP 主题的校园故事、童话、诗歌等，如以校园 IP 为主角创作一系列校园生活故事，展现学校的学习氛围与师生情谊。

动漫与影视创作能够更直观地展现 IP 形象与故事。制作 IP 动画短片、微电影等，通过精彩的剧情与精良的制作，吸引受众关注。例如，中国美术学院以校园 IP 为原型制作的动画短片，在各大视频平台播放后，获得了广泛好评，有效提升了学校的知名度。

短视频作为当下流行的传播形式，具有传播速度快、受众广泛的特点。利用短视频平台，创作与 IP 相关的趣味短视频，如校园生活小剧场、IP 形象科普等，能够快速吸引年轻用户群体。此外，还可开展 IP 主题的线上线下活动，如 IP 形象设计大赛、IP 粉丝见面会等，鼓励用户参与内容创作与互动，丰富 IP 内容生态。

## 三、校园 IP 的运营策略

### （一）传播推广策略

有效的传播推广是校园 IP 提升知名度与影响力的关键。可采用线上线下相结合的传播方式。线上方面，充分利用社交媒体平台，如微信、微博、抖音、B 站等，建立 IP 官方账号，定期发布 IP 相关内容，与用户进行互动交流。通过制作热门话题、开展线上活动等方式，提高 IP 的曝光度与话题度。例如，厦门大学的“嘉庚龙”IP 在抖音平台发起#嘉庚龙的校园日常#话题挑战，吸引众多学生与网友参与，话题播放量突破千万。

利用学校官网、官方公众号等自有媒体渠道，对 IP 进行重点宣传推广。

在学校官网首页设置IP专题页面，展示IP形象、故事、衍生产品等内容；通过官方公众号推送IP相关文章、视频，向师生、校友及社会各界传播IP文化。

线下传播可通过举办IP主题展览、校园文化节、IP形象巡展等活动，让受众近距离感受IP的魅力。在校园内设置IP主题的景观雕塑、装饰壁画等，营造浓厚的IP文化氛围。此外，还可与校外机构合作，参加文化创意展会、动漫节等活动，扩大IP的社会影响力。

### （二）商业运营策略

商业运营是校园IP实现可持续发展的重要保障。可通过开发衍生产品、开展IP授权合作等方式实现商业变现。在衍生产品开发方面，根据IP形象与定位，设计制作各类文创产品，如文具、饰品、服饰、家居用品等。产品设计要注重品质与创意，将IP元素与实用性相结合，提高产品的市场竞争力。例如，故宫博物院的IP衍生产品，以其精美的设计与高品质，深受消费者喜爱，年销售额屡创新高。

开展IP授权合作，将IP形象授权给相关企业使用，获取授权费用。授权合作范围可涵盖玩具、食品、游戏、影视等多个领域。通过与有实力的企业合作，借助企业的生产、销售渠道，扩大IP的商业版图。例如，迪士尼通过广泛的IP授权合作，将米老鼠、唐老鸭等IP形象应用于各类产品与娱乐项目中，创造了巨大的商业价值。

此外，还可探索IP与教育、旅游等产业的融合发展。开发IP主题的研学课程、校园旅游线路等，实现IP价值的多元化拓展。

### （三）粉丝运营策略

粉丝是校园IP发展的重要支撑，良好的粉丝运营能够增强粉丝的忠诚度与活跃度。建立粉丝社群，如微信粉丝群、QQ粉丝群、微博超话等，为粉丝提供交流互动的平台。在社群内定期举办线上活动，如粉丝福利抽奖、IP话题讨论、粉丝作品分享等，增强粉丝的参与感与归属感。

关注粉丝反馈，及时了解粉丝需求与意见，根据粉丝反馈优化 IP 形象与内容创作。对粉丝的优秀作品进行展示与奖励，鼓励粉丝参与 IP 内容的二次创作。例如，一些动漫 IP 通过举办粉丝同人作品大赛，激发粉丝的创作热情，丰富了 IP 内容生态。

定期举办粉丝见面会、线下活动等，增进与粉丝的面对面交流，提升粉丝的情感认同。通过良好的粉丝运营，形成稳定的粉丝群体，为 IP 的持续发展提供动力。

## 四、校园 IP 运营的保障与发展

### （一）组织与制度保障

成立专门的校园 IP 运营管理团队，团队成员包括文化创意、市场营销、设计策划、法律事务等专业人员，负责 IP 的策划、创作、运营、推广等工作。明确各成员的职责分工，建立完善的工作流程与管理制度，确保 IP 运营工作的高效有序开展。

建立 IP 知识产权保护制度，对 IP 形象、商标、著作权等进行注册保护，防止侵权行为发生。加强与法律机构的合作，及时处理 IP 侵权纠纷，维护 IP 的合法权益。

### （二）创新与可持续发展

校园 IP 的发展需要持续创新，以适应市场变化与受众需求。不断丰富 IP 的形象与故事，拓展 IP 的应用场景与表现形式。结合新技术、新趋势，如虚拟现实（VR）、增强现实（AR）、人工智能（AI）等，创新 IP 的传播与体验方式。例如，利用 AR 技术开发 IP 主题的互动游戏、文化体验项目等，为受众带来全新的体验。

关注社会热点与流行文化，将其与 IP 元素相结合，推出具有时代特色的内容与产品。同时，注重培养 IP 运营的专业人才，通过与高校、培训机构合作，开设相关课程与培训项目，为 IP 产业发展提供人才支持。通过持续创新与人才培养，实现校园 IP 的可持续发展。

校园 IP 的孵化与运营是一项系统而复杂的工程，涵盖定位、形象设计、内容创作、传播推广、商业运营等多个环节。通过明确 IP 定位、塑造鲜明形象、创作丰富内容、实施有效运营策略，能够实现校园 IP 的价值最大化，提升学校的文化影响力与品牌知名度，推动校园文创产业发展。在未来的发展中，校园 IP 应不断适应时代变化，加强创新与管理，探索多元化的发展路径，为校园文化传承与创新注入新的活力。

# 第二节 校友经济与情感营销

校友是学校的宝贵资源，校友经济作为新兴经济形态，蕴含着巨大的发展潜力。而情感营销以消费者情感需求为核心，能够有效建立品牌与消费者之间的情感连接。将校友经济与情感营销相结合，针对校友群体的情感特点开展文创产品开发与营销活动，既能满足校友对母校的情感寄托，又能推动校园文创产业发展，创造经济价值。

## 一、校友经济与情感营销相结合的价值

### （一）强化校友情感纽带

校友对母校往往怀有深厚的情感，从踏入校园到毕业离校，校园生活的

点滴都成为他们珍贵的回忆。通过情感营销，以校园文创产品为载体，将校园标志性建筑、校史故事、曾经的校园生活场景等元素融入其中，能够唤醒校友的记忆，引发情感共鸣，进一步强化校友与母校之间的情感纽带。例如，一款印有校友当年毕业班级合影和校园老照片的纪念相册，能让校友瞬间回忆起在校时光，感受到母校的温暖与关怀，从而增强对母校的认同感和归属感。

### （二）挖掘校友经济潜力

校友群体具有一定的消费能力和资源整合能力。借助情感营销，推出符合校友情感需求的文创产品和服务，能够增强校友的消费意愿，促进校友经济的发展。同时，校友还可以利用自身的社会资源，为母校的文创产业发展提供支持，如投资文创项目、推荐合作资源、参与文创产品的宣传推广等。例如，校友投资建设校园文创产业园区，引入文创企业，为校园文创产品的研发、生产和销售提供一站式服务，推动校友经济与校园文创产业的协同发展。

### （三）提升校园文化影响力

校友作为校园文化的传播者，通过参与校友经济活动和情感营销活动，能够将校园文化传播到更广泛的社会群体中。校友使用和分享校园文创产品，讲述与母校的故事，能够吸引更多人对学校的关注和了解，提升学校的文化影响力和社会知名度。例如，校友在社交媒体上分享带有校园 IP 形象的文创产品，并讲述自己的校园经历，引发了网友的关注和讨论，使更多人对学校的文化产生兴趣，从而扩大了校园文化的传播范围。

## 二、校友经济与情感营销的实践策略

### （一）基于校友情感需求的文创产品开发

1. 挖掘校友情感记忆

深入了解校友在不同学习阶段的经历和情感需求，通过问卷调查、校友访谈、校友回忆录征集等方式，收集校友对校园生活的美好回忆和印象深刻的事物。例如，对于毕业多年的校友，他们可能对当年的教学楼、食堂、图书馆等建筑充满怀念；对于刚毕业的校友，他们可能更关注毕业季的活动和校园中的新鲜事物。根据这些情感记忆，确定文创产品的主题和设计方向。

2. 设计特色文创产品

结合校友情感需求和校园文化特色，设计具有纪念意义和情感价值的文创产品。产品类型涵盖文具、饰品、家居用品、电子产品等多个领域。例如，设计一款以校园老校门为原型的金属书签，书签上刻有校友的毕业年份和姓名，既具有实用性，又能作为校友珍藏校园记忆的纪念品；开发一款校园主题的智能手表，表盘可以切换为校园不同时期的风景照片，手表还能接收母校的活动通知和校友资讯，满足校友对母校的关注需求。

3. 打造校友专属产品

为校友提供定制化服务，推出校友专属的文创产品。例如，在毕业周年纪念时，为校友定制带有班级标识和毕业合影的纪念礼盒，礼盒内包含纪念徽章、纪念册、定制版文具等；为校友企业定制带有学校校徽和企业标识的商务礼品，既满足了企业的商务需求，又加强了校友企业与母校的联系。

### （二）基于情感共鸣的主题活动策划

1. 举办校友主题文化活动

定期举办校友主题文化活动，如校友文化节、校友返校日、校友论坛等。在活动中融入情感营销元素，通过展示校友捐赠的纪念品、播放校友回忆视频、举办校友文艺表演等方式，营造浓厚的情感氛围，唤起校友的情感共鸣。

例如，在校友文化节上，设置“时光长廊”展区，展示学校不同时期的照片、校友的老物件，让校友在参观过程中回忆起在校时光；举办校友文艺晚会，邀请校友表演节目，增进校友之间的交流和情感。

2. 开展校友情感互动活动

利用社交媒体平台开展校友情感互动活动，如线上校友故事分享会、校友摄影比赛、校友留言墙等。鼓励校友分享自己的校园故事和对母校的祝福，增强校友之间的互动和情感交流。例如，在学校官方微信公众号上发起“我的母校记忆”故事征集活动，选取优秀故事进行推送，并给予作者一定的奖励；举办校友摄影比赛，邀请校友拍摄校园的新貌和自己与校园的合影，通过线上投票评选出优秀作品，在学校官网和社交媒体上进行展示。

3. 组织校友参与公益活动

以校友情感为纽带，组织校友参与公益活动，如校友助学计划、校友捐赠活动、校友志愿服务等。通过公益活动，增强校友的社会责任感和对母校的认同感，同时提升学校的社会形象。例如，开展校友助学计划，组织校友为母校贫困学生提供资助，帮助他们完成学业；举办校友捐赠活动，为学校的建设和发展筹集资金，如建设校友纪念林、修缮校园建筑等。

### （三）基于情感连接的校友交流平台搭建

1. 建立线上校友社区

搭建线上校友社区，如校友 App、校友微信群、校友 QQ 群等，为校友提供一个交流互动的平台。在社区内设置校友资讯、校友活动、校友商城、校友互助等板块，方便校友获取母校信息、参与校友活动、购买校园文创产品、寻求校友帮助等。例如，校友 App 上的校友商城，专门销售校园文创产品，校友可以通过 App 下单购买，并享受专属优惠；校友互助板块，校友可以发布求助信息，其他校友可以提供帮助和建议。

2. 设立线下校友联络处

在各地设立线下校友联络处，为校友提供一个聚会交流的场所。联络处可以定期举办校友活动，如校友座谈会、校友商务合作交流会等，促进校友之间的资源共享和合作发展。例如，某地的校友联络处每月举办一次校友座谈会，邀请不同行业的校友分享经验和见解，增进校友之间的了解和合作；举办校友商务合作交流会，为校友企业提供合作机会，推动校友经济的发展。

3. 推动校友与学校的深度合作

加强校友与学校的沟通与合作，建立校友导师制度、校友企业实习基地等。邀请校友担任学校的兼职导师，为学生提供职业规划指导和实践经验分享；与校友企业合作建立实习基地，为学生提供实习和就业机会，同时也为校友企业输送优秀人才。例如，学校聘请优秀校友担任学生的创业导师，指导学生开展创业项目；与校友企业合作建立的实习基地，每年接收大量学生实习，部分学生毕业后留在校友企业工作，实现了学校、学生和校友企业的多方共赢。

校友经济与情感营销的结合为校园文创产业发展提供了新的思路和方向。通过挖掘校友情感需求，开发特色文创产品、策划主题活动、搭建交流平台，能够有效激活校友经济潜力，强化校友与母校的情感纽带，提升校园文化影响力。在未来的发展中，学校应进一步重视校友经济与情感营销的融合，不断创新实践策略，推动校园文创产业的可持续发展，实现学校文化传播与经济效益的双赢。

# 第三节
# 校园快闪店运营实务

在校园文创产业蓬勃发展的当下，校园快闪店作为一种新兴的营销模式，以其临时性、灵活性和话题性的特点，逐渐成为推广校园文创产品、传播校园文化的重要载体。快闪店能够在短时间内聚集人气，通过独特的场景营造和互动体验，吸引师生、校友以及社会公众的关注，有效提升文创产品的销售业绩和校园文化的影响力。然而，要实现校园快闪店的成功运营，需要对各个环节进行精心策划与管理。

## 一、前期筹备工作

### （一）明确快闪店定位与目标

在筹备校园快闪店之前，首要任务是明确其定位与目标。定位方面，需结合学校的文化特色、文创产品的特点以及目标受众的需求来确定。例如，若学校以艺术专业见长，快闪店可定位为“艺术创意空间”，主打艺术设计类文创产品；若学校历史悠久，拥有丰富的校史文化资源，则可将快闪店定位为“校史记忆馆”，重点展示与校史相关的文创纪念品。

目标设定应具体、可衡量，分为销售目标、品牌推广目标和文化传播目标等。销售目标可设定为在快闪店运营期间实现一定金额的文创产品销售额；

品牌推广目标可设定为提升校园文创品牌在社交媒体上的曝光量和粉丝数量；文化传播目标则可设定为通过快闪店活动，让更多人了解学校的特色文化与精神内涵。例如，某高校计划在校园文化节期间开设快闪店，其销售目标设定为一周内实现文创产品销售额 5 万元，品牌推广目标为微信公众号新增粉丝 1000 人，文化传播目标是使学校特色文化的网络话题阅读量达到 10 万次。

### （二）场地选择与布置

1. 场地选择

场地选择是校园快闪店成功的关键因素之一。理想的场地应具备人流量大、交通便利、空间适宜等特点。校园内的热门地点，如食堂附近、图书馆出入口、教学楼大厅、操场周边等，都是不错的选择。这些区域日常人流量大，能够确保快闪店获得较高的曝光率。例如，将快闪店设置在食堂附近，学生在就餐前后经过时，因容易被快闪店吸引而驻足。

此外，还需考虑场地的租赁成本和使用限制。有些场地可能需要提前预约并支付一定的租赁费用，而有些场地可能在使用时间、搭建要求等方面存在限制。在选择场地时，要综合评估这些因素，确保场地既能满足快闪店的运营需求，又在预算范围内。同时，要与场地管理方进行充分沟通，了解相关规定和注意事项，避免在运营过程中引起不必要的麻烦。

2. 场地布置

场地布置要围绕快闪店的定位和主题进行设计，营造出独特的氛围和视觉效果。首先，要根据场地的形状和大小进行合理的空间规划，划分出产品展示区、互动体验区、收银区等不同功能区域。产品展示区应占据显眼位置，按照文创产品的类别进行有序陈列，如将文具类、饰品类、服饰类产品分别集中展示，方便顾客浏览和挑选。

在装饰风格上，可运用校园文化元素进行创意设计。例如，以校徽、校训、校园标志性建筑等为设计元素，制作大幅海报、悬挂装饰、地面贴纸等，将校园文化融入快闪店的每一个角落。同时，利用灯光、音乐等元素营造氛围，如在夜间使用暖色调灯光，搭配轻松愉悦的背景音乐，让顾客在购物过程中感受到温馨舒适的氛围。此外，还可以设置一些具有创意的拍照打卡点，如用校园风景照片制作的背景墙、立体的校园 IP 形象模型等，吸引顾客拍照分享，进一步扩大快闪店的传播范围。

### （三）产品与库存管理

1. 产品选择

快闪店的产品选择要紧密围绕定位和目标受众需求。优先选择具有校园特色、设计新颖、品质优良的文创产品。可以从已有的校园文创产品库中挑选畅销产品，如印有校徽和校园风景的文具、带有校园 IP 形象的饰品、具有纪念意义的服饰等。同时，为了增加快闪店的吸引力，还可以推出一些限量版、联名款或快闪店专属的文创产品。例如，与学校知名校友、当地艺术家或其他品牌进行联名合作，推出具有独特价值的文创产品，激发顾客的购买欲望。

在产品选择过程中，要考虑产品的价格区间，满足不同消费层次顾客的需求。设置低、中、高不同价格段的产品，如价格亲民的钥匙扣、书签等小饰品，中等价位的背包、水杯等实用产品，以及高附加值的限量版收藏品等，以扩大消费群体。此外，还要关注产品的实用性和美观性，确保产品既具有校园文化特色，又能满足顾客的日常使用需求。

2. 库存管理

合理的库存管理能够避免出现缺货或积压现象，保障快闪店的正常运营。在确定产品选择后，要根据预计的客流量和销售目标，准确估算每种产品的进货数量。可以参考以往类似活动的销售数据，结合市场趋势和顾客需求变化进行分析预测。例如，通过分析上年度校园文化节期间文创产品的销售情况，预估本年度各类产品的销售数量，并在此基础上适当增加一定比例的库存，以应对可能出现的销售高峰。

在快闪店运营过程中，要实时监控库存情况，建立库存管理台账，记录产品的进货、销售和库存数量。安排专人负责库存盘点，定期检查库存数量是否与台账一致，及时发现并处理库存异常情况。当某种产品库存不足时，要及时补货；对于销售不佳的产品，可以考虑调整陈列位置或推出促销活动，加快产品销售速度。同时，要做好库存产品的保管工作，确保产品不受损坏、丢失，保证产品质量。

## 二、运营实施阶段

### （一）人员组织与培训

1. 人员招募与分工

根据快闪店的运营需求，招募足够数量的工作人员，包括店长、收银员、导购员、活动策划与执行人员等。店长负责快闪店的整体运营管理，包括人员调配、库存管理、销售数据分析等工作；收银员负责收款、开票、对账等财务工作；导购员负责引导顾客浏览产品、介绍产品特点和使用方法、解答顾客疑问等；活动策划与执行人员负责策划和组织快闪店内的互动活动，吸引顾客参与。

在人员分工时，要明确各岗位的职责和工作流程，确保每个工作人员清楚自己的工作任务和要求。同时，要建立有效的沟通机制，保证各岗位之间能够密切配合，协同工作。例如，导购员在发现某种产品库存不足时，要及时通知店长进行补货；活动策划与执行人员在组织活动时，要与收银员协调好活动奖品的发放等事宜。

2. 人员培训

为了提高工作人员的服务水平和业务能力，在快闪店开业前要对所有工作人员进行系统培训。培训内容包括企业文化与快闪店定位介绍、产品知识培训、销售技巧培训、服务礼仪培训以及应急处理培训等。

企业文化与快闪店定位介绍让工作人员了解学校的文化特色和快闪店的运营目标，增强工作人员的认同感和使命感；产品知识培训使工作人员熟悉每一款文创产品的特点、材质、功能、使用方法等，以便更好地向顾客介绍产品；销售技巧培训教授工作人员如何与顾客沟通、如何挖掘顾客需求、如何进行产品推荐和促成交易等；服务礼仪培训规范工作人员的言行举止，如微笑服务、礼貌用语、接待顾客的规范流程等，提升顾客的购物体验；应急处理培训则教会工作人员如何应对突发情况，如顾客投诉、设备故障、火灾等，确保快闪店运营安全有序。培训方式可以采用理论讲解、案例分析、模拟演练等多种形式，确保培训效果。

### （二）营销活动策划与执行

1. 营销活动策划

营销活动是吸引顾客、提升快闪店人气和销售额的重要手段。策划营销活动时，要结合快闪店的定位、目标受众特点和市场需求，制订具有吸引力和创意的活动方案。

常见的营销活动形式包括打折促销、满减优惠、赠品活动、抽奖活动、互动体验活动等。打折促销可以设置部分产品限时折扣，如开业首日全场 8 折优惠，吸引顾客抢购；满减优惠可设定满一定金额减一定金额的规则，如满 100 元减 20 元，鼓励顾客增加消费金额；赠品活动可以购买指定产品赠送精美小礼品，如购买文创笔记本赠送同款书签；抽奖活动设置丰富的奖品，如一等奖为限量版校园文创大礼包，二等奖为校园主题的电子产品，三等奖为实用文具套装等，吸引顾客参与购物并提高购买积极性。

互动体验活动能够增强顾客的参与感和体验感，如举办校园文创 DIY 活动，让顾客亲手制作带有校园元素的手工艺品；设置校园文化知识问答环节，顾客答对问题可获得小礼品；邀请校园社团进行现场表演，如音乐演奏、舞蹈表演等，营造热闹的氛围。此外，还可以利用社交媒体平台开展线上营销活动，如发布快闪店预热海报、举办线上抽奖、发起话题互动等，扩大快闪店的知名度和影响力。

2. 营销活动执行

在营销活动执行过程中，要确保活动按照方案有序进行。提前准备好活动所需的物资，如奖品、赠品、宣传物料等，并进行妥善保管。工作人员要熟悉活动规则和流程，能够准确向顾客介绍活动内容和参与方式。例如，在抽奖活动中，工作人员要清晰告知顾客抽奖条件、抽奖方式和奖品设置；在互动体验活动中，要引导顾客有序参与，并提供必要的指导和帮助。

同时，要加强活动现场的管理和维护，确保活动安全、顺利进行。对于人流量较大的活动，要安排专人负责维持秩序，避免出现拥挤、踩踏等安全事故；对于活动中出现的问题，如奖品发放错误、设备故障等，要及时处理，保证活动的正常开展。此外，要及时收集顾客对活动的反馈意见，以便对活动进行总结和改进。

### （三）顾客服务与体验提升

良好的顾客服务和购物体验是提高顾客满意度和忠诚度的关键。在快闪店运营过程中，工作人员要始终保持热情、友好的服务态度，主动迎接顾客，耐心解答顾客的疑问，提供专业的产品推荐和购物建议。当顾客对产品有疑问时，导购员要详细介绍产品的特点、功能和使用方法，帮助顾客做出合适的购买决策；当顾客提出特殊需求时，如定制产品、礼品包装等，要积极协调解决，尽量满足顾客需求。

为了提升顾客的购物体验，可以在快闪店内设置休息区，提供免费的饮品和小零食，让顾客在购物过程中能够稍作休息；设置产品试用区，让顾客亲身体验产品的使用效果，如试用文创文具的书写感受、试戴饰品等；提供便捷的支付方式，除了传统的现金支付外，支持微信支付、支付宝支付、刷卡支付等多种支付方式，方便顾客结算。此外，还可以建立顾客反馈机制，通过设置意见箱、发放调查问卷、在线评价等方式，收集顾客的意见和建议，及时了解顾客的需求和不满，针对问题进行改进和优化，不断提升顾客服务水平和购物体验。

## 三、后期复盘与优化

### （一）数据收集与分析

快闪店运营结束后，要对相关数据进行全面收集和深入分析，为后续的运营决策提供依据。需要收集的数据包括销售数据（如各类产品的销售额、销售量、销售利润等）、客流量数据（如每日客流量、高峰时段客流量等）、顾客反馈数据（如顾客对产品的评价、对活动的满意度、对服务的意见等）以及社交媒体数据（如快闪店相关内容的阅读量、点赞数、评论数、转发数等）。

通过对销售数据的分析，可以了解哪些产品受欢迎，哪些产品销售不佳，从而为后续的产品选择和库存管理提供参考；对客流量数据的分析能够掌握顾客的到访规律，有助于合理安排人员和策划活动；顾客反馈数据可以帮助发现快闪店运营过程中存在的问题和不足之处，明确改进方向；社交媒体数据则能反映快闪店的网络传播效果，评估营销活动的影响力。例如，通过分析发现某款文创饰品销售额较高，而另一款文具产品销售惨淡，在后续的产品开发和采购中，就可以增加饰品的种类和数量，减少文具产品的进货；根据顾客反馈，发现快闪店内的指示标识不清晰，导致顾客寻找产品困难，后续就可以对指示标识进行优化和改进。

### （二）经验总结与问题反思

在数据分析的基础上，对快闪店的运营经验进行全面总结，梳理成功的做法和亮点。例如，总结哪些营销活动效果显著，吸引了大量顾客参与；哪些产品深受顾客喜爱，销售业绩突出；在人员管理和服务方面有哪些值得借鉴的经验等。同时，要对运营过程中存在的问题进行深刻反思，分析问题产生的原因，如产品选择不合理导致部分产品滞销、活动策划不够新颖未能吸引顾客关注、人员培训不到位影响服务质量等。

通过经验总结和问题反思，形成详细的运营报告，为今后开展类似活动提供参考和借鉴。将成功的经验应用到后续的快闪店运营或其他营销活动中，不断优化运营策略和方法；针对存在的问题，制定具体的改进措施，避免在今后的工作中再次出现类似问题，实现校园快闪店运营水平的持续提升。

### （三）持续优化与品牌建设

根据经验总结和问题反思的结果，对校园快闪店的运营模式、产品策略、营销活动等进行持续优化。在产品方面，结合市场需求和顾客反馈，不断开发新的文创产品，丰富产品种类，提升产品品质；在营销活动方面，创新活动形式和内容，提高活动的吸引力和参与度；在运营管理方面，完善人员培训体系，优化工作流程，提高运营效率和服务质量。

同时，要注重校园快闪店的品牌建设。通过每次快闪店活动的成功举办，逐步树立快闪店的品牌形象，提高品牌知名度和美誉度。在品牌建设过程中，要保持快闪店的风格和特色的一致性，强化品牌标识和品牌文化的传播。例如，统一快闪店的视觉形象设计，包括店面招牌、海报、产品包装等；在活动策划和宣传中，突出品牌的核心价值和文化内涵，让顾客对快闪店形成独特的品牌认知和记忆。通过持续优化和品牌建设，使校园快闪店成为校园文创产业发展的重要推动力量，为传播校园文化、提升学校影响力发挥更大的作用。

# 第六章

# 校园文创产品的教育价值开发

校园文创产品的教育价值开发围绕知识传播、文化传承与学生综合素养提升，系统构建了课程衍生品的开发模式、教学辅助类文创设计、校园文创育人功能实现及学生创新创业能力培养四大模块：课程衍生品通过知识具象化、文化创新表达与产学研合作，助力课程传播与产业发展；教学辅助类文创以教育功能为核心，融合校园文化与用户体验，分为知识传播、实践操作、互动学习、教具辅助四类，优化学习体验；育人功能通过文化载体作用，传承历史、塑造价值观、培养审美并促进情感交流，但存在内涵挖掘不足、形式单一等问题，需通过深度文化挖掘、创新设计、场景拓展与协同合作优化；创新创业能力培养则依托文创项目激发创新思维、提升实践技能、促进团队协作，针对课程体系不完善、实践平台资源不足等现状，通过课程优化、平台建设与激励机制完善推动发展。四者协同发力，推动校园文创从文化载体向教育赋能载体升级，为人才培养与文化传承注入新活力。

# 第一节
# 课程衍生品的开发模式

## 一、课程衍生品开发的价值与意义

### （一）助力课程知识传播与理解

课程衍生品将抽象的课程知识具象化，以生动有趣的形式呈现给学生。例如，在地理课程中，制作精美的地球仪拼图，学生在拼接过程中，能直观了解地球的形状、海陆分布以及各国地理位置，加深对地理知识的记忆与理解。这种将学习与娱乐相结合的方式，激发学生主动探索课程知识的兴趣，改变传统枯燥的学习模式，提升学习效果。

### （二）强化校园文化传承与创新

校园文化蕴含于课程体系之中，课程衍生品成为校园文化传承的新途径。以具有学校特色的校本课程为基础开发的衍生品，如某艺术院校以传统戏曲课程为依托，设计的戏曲脸谱书签、文具等，不仅传播戏曲知识，还承载学校对传统艺术文化传承的使命。同时，在衍生品开发过程中融入现代创意与设计理念，实现校园文化的创新表达，使其更贴合当代学生审美与生活方式，提升校园文化的吸引力并激发其活力。

### （三）促进学生综合素养提升

参与课程衍生品开发是学生实践学习的过程，能有效提升综合素养。从前期对课程内容的深入研究、市场调研，到创意构思、设计制作以及后期营销推广，涉及多学科知识与技能运用。学生在这一过程中，锻炼创新思维、团队协作、沟通表达以及问题解决能力，培养对校园文化与课程学习的热爱，为未来发展奠定坚实基础。例如，在科技课程衍生品开发中，学生运用编程知识设计智能小物件，提升动手与创新能力。

### （四）拓展校园文创产业发展空间

课程衍生品丰富校园文创产品体系，拓展校园文创产业发展维度。它以独特的课程知识属性，吸引校内师生、校友以及校外对课程内容感兴趣的群体，形成特定消费市场。成功的课程衍生品不仅能带来经济效益，为校园文创产业发展提供资金支持，还能提升学校品牌知名度与影响力，促进校园文创产业可持续发展。如一些知名高校开发的特色课程衍生品，在市场上广受好评，成为学校文化传播的亮丽名片。

## 二、课程衍生品开发流程

### （一）前期调研

1. 课程内容分析

深入剖析学校各类课程体系，挖掘具有开发潜力的课程内容。对于人文社科类课程，如历史、文学、哲学等，可从历史事件、经典文学作品、哲学思想等方面寻找灵感；自然科学类课程，如物理、化学、生物，则关注科学原理、实验现象、生物特征等元素。以化学课程为例，分析化学实验中的各种化学反应现象、实验仪器等，为后续创意构思提供素材。同时，与授课教师密切沟通，了解课程重点、难点以及教学目标，确保衍生品开发与课程教学紧密结合，能辅助教学、促进知识传播。

2. 目标受众调研

明确课程衍生品的目标受众，主要包括校内学生、教师、校友以及可能对课程内容感兴趣的校外人员。针对不同受众群体，采用问卷调查、访谈、焦点小组等调研方法，了解他们的兴趣爱好、消费习惯、对课程知识的认知程度以及对文创产品的需求偏好。对于校内学生，重点关注其在课程学习过程中的痛点与需求，以及对新颖学习方式的接受程度；对于校友，了解他们对校园文化与课程的情感记忆，以及对具有纪念意义文创产品的期待；对于校外人员，分析他们对学校特色课程的兴趣点与关注点。通过精准的受众调研，为产品定位与设计提供依据，使开发出的课程衍生品更能满足不同受众需求，提高市场接受度。

3. 市场竞争分析

对当前校园文创产品市场，尤其是课程衍生品领域进行全面竞争分析。收集市场上已有的各类课程相关文创产品信息，包括产品类型、设计风格、价格区间、销售渠道以及市场反响等。分析竞争对手的优势与不足，找出市场空白点与差异化竞争机会。例如，发现市场上针对某一热门课程的衍生品多为传统文具类，且设计风格单一，那么在开发同类课程衍生品时，可尝试拓展产品类型，如开发互动式数字产品或体验式服务产品，并采用更具创意与时尚感的设计风格，以吸引消费者目光，在市场竞争中脱颖而出。

### （二）创意构思

1. 挖掘课程核心元素

基于前期对课程内容的深入分析，提炼课程中的核心元素，这些元素将成为衍生品创意的源泉。对于历史课程，历史人物、重要历史事件、特定历史时期的文化符号等都可作为核心元素；对于艺术课程，艺术风格、经典艺术作品的色彩与构图、艺术创作工具等可作为创意切入点。如在美术课程衍生品开发中，选取印象派绘画的色彩特点与笔触风格，将其运用到文具包装设计或装饰画创作中，使产品具有浓厚的艺术氛围，同时传播印象派绘画知识。通过对课程核心元素的巧妙运用，赋予衍生品独特的文化内涵与教育价值。

2. 结合流行文化与时尚元素

为使课程衍生品更具吸引力与市场竞争力，在创意构思阶段将课程核心元素与当下流行文化、时尚元素相结合。关注社会热点、流行趋势以及消费者审美变化，将这些元素融入产品设计。例如，当动漫文化流行时，可将课程中的历史人物或科学形象以动漫风格进行设计，开发成动漫周边产品，如钥匙扣、手机壳、手办等；当环保理念成为时尚潮流时，在课程衍生品制作中采用环保材料，体现环保主题。这种结合既能吸引年轻消费者关注，又能让古老的课程知识以新颖的方式走进大众视野，实现传统文化与现代潮流的有机融合。

3. 头脑风暴与创意筛选

组织跨学科团队，包括课程教师、文创设计专业人员、学生代表等，开展头脑风暴活动。鼓励团队成员从不同角度提出创意想法，打破思维定式。在头脑风暴过程中，对各种创意进行记录与整理。随后，依据产品定位、目标受众需求、市场可行性以及与课程知识的契合度等标准，对创意进行筛选。保留具有创新性、可行性且能充分体现课程价值与特色的创意，淘汰不符合要求的创意。例如，对于一款数学课程衍生品的创意构思，团队提出了数学公式拼图、数学故事漫画书、智能数学学习软件等多个创意，经过筛选，综合考虑市场需求与开发难度，最终确定以数学公式拼图为主要开发方向，并对其进行进一步优化与完善。

### （三）设计制作

1. 产品设计

在确定创意方案后，进行产品设计工作。由专业设计人员根据筛选出的创意，结合目标受众审美与产品功能需求，进行详细的产品设计。在设计过程中，注重产品的外观设计、结构设计以及用户体验设计。对于实物产品，如文具、饰品、玩具等，考虑产品的形状、颜色、材质选择，确保产品美观大方且实用；对于数字产品，如 App、在线课程、电子游戏等，注重界面设计的简洁易用性、交互功能的趣味性与便捷性。例如，设计一款以生物课程为基础的手机 App，界面采用清新自然的色彩风格，模拟生物生长环境；交互功能上，设置虚拟实验、生物知识问答游戏等，让用户在趣味互动中学习生物知识。同时，在设计过程中不断与课程教师沟通，确保产品准确传达课程知识，符合教学要求。

2. 制作工艺选择

根据产品设计方案，选择合适的制作工艺与材料。对于实物产品，不同的材料与制作工艺会影响产品质量、成本以及最终呈现效果。例如，制作金属材质的校园徽章，可采用冲压、铸造等工艺；制作纸质笔记本，可选择不同克重与质感的纸张，以及烫金、压纹等印刷工艺。在选择制作工艺与材料时，综合考虑产品定位、成本预算以及环保要求等因素。对于高端定制的课程衍生品，可选用优质材料与精细制作工艺，提升产品品质与附加值；对于面向大众市场的普及型产品，在保证质量的前提下，选择成本较低、制作效率高的工艺与材料。同时，注重环保材料的使用，践行绿色发展理念，提升产品的社会责任感。

3. 样品制作与测试

在正式批量生产前，制作产品样品。通过样品制作，对产品设计与制作工艺进行实际检验，发现可能存在的问题，如产品结构不合理、颜色偏差、功能不完善等。组织相关人员，包括课程教师、设计人员、目标受众代表等，对样品进行测试与评估。收集测试反馈意见，针对问题对产品设计与制作工艺进行调整与优化。例如，在测试一款以物理实验为原理设计的玩具样品时，发现部分零件组装困难，影响用户体验，根据反馈意见对零件结构进行重新设计，简化组装流程，确保产品在正式生产后能满足消费者需求，具有良好的市场表现。

### （四）营销推广

1. 线上推广

充分利用互联网平台进行课程衍生品的线上推广。建立官方网站与社交媒体账号，如微信公众号、微博、抖音等，发布产品信息、设计故事、课程知识科普等内容，吸引用户关注。运用社交媒体营销手段，如举办线上产品发布会、创意设计大赛、知识问答活动等，增加用户参与度与产品曝光度。利用短视频平台制作生动有趣的产品展示视频，展示产品功能与特色，激发用户购买欲望。同时，与线上电商平台合作，开设官方店铺，拓宽销售渠道，方便消费者购买产品。例如，通过在抖音平台发布一段介绍历史课程衍生的历史场景拼图的短视频，展示拼图的精美设计与还原的历史场景，吸引大量用户点赞、评论与转发，有效提升产品知名度与销量。

2. 线下推广

开展线下推广活动，增强产品与消费者的互动体验。在校园内举办文创产品展销会、课程衍生品主题活动，设置产品展示区、体验区，让师生与校友亲身感受产品魅力。与学校周边书店、咖啡馆、文具店等合作，设置产品展示销售点，扩大产品触达范围。参加各类文化创意展会、教育装备展览会等行业展会，展示学校课程衍生品的特色与优势，提升学校品牌形象与产品影响力。例如，在校园文创产品展销会上，设置互动体验区，让学生现场参与历史课程衍生的古装制作活动，感受传统文化魅力，同时促进相关衍生品的销售。

3. 品牌建设与口碑营销

注重课程衍生品的品牌建设，打造独特的品牌形象与品牌文化。通过产品设计、包装、宣传推广等环节，传递品牌价值观与教育理念，树立良好的品牌口碑。鼓励消费者分享使用产品的体验与感受，通过口碑传播吸引更多潜在消费者。建立完善的客户服务体系，及时处理消费者咨询与投诉，提升消费者满意度与忠诚度。例如，为购买课程衍生品的消费者提供个性化的售后服务，如定制产品刻字、产品使用指导等，让消费者感受到贴心服务，从而对品牌产生好感，主动为品牌进行口碑宣传。

## 三、课程衍生品开发策略

### （一）产学研合作开发

加强学校与企业、科研机构的产学研合作，共同推动课程衍生品开发。学校提供课程知识资源、创意人才以及校园市场渠道；企业具备产品开发经验、生产制造能力与市场运营资源；科研机构在新材料、新技术研发方面具有优势。通过合作，整合各方资源，提高产品开发效率与质量。例如，学校与文创企业合作开发一款以计算机编程课程为基础的智能学习玩具，学校教师提供编程知识体系与教学需求指导，企业负责产品设计、生产与市场推广，科研机构提供新型材料与智能技术支持，三方协同合作，打造出具有创新性与市场竞争力的课程衍生品。同时，产学研合作还能为学生提供实习机会，促进人才培养与产业需求对接。

### （二）跨学科融合开发

课程衍生品开发涉及多学科知识与技能，采用跨学科融合开发策略。组建由课程教师、文创设计专业人员、市场营销专家、信息技术人员等组成的跨学科团队，发挥各学科专业优势。课程教师确保产品知识准确性与教育价值；文创设计人员赋予产品创意与美学价值；市场营销专家进行市场调研与推广策略制定；信息技术人员提供数字化技术支持，如开发数字产品、搭建线上销售平台等。例如，开发一款以音乐课程为基础的 App，音乐教师负责课程内容策划与音乐知识讲解，设计人员进行界面与交互设计，市场营销人员制定推广方案，信息技术人员负责 App 开发与维护，通过跨学科团队协作，打造出功能完善、用户体验良好的课程衍生数字产品。

### （三）个性化定制开发

满足消费者个性化需求，开展课程衍生品个性化定制开发。提供多种产品类型与设计模板供消费者选择，消费者可根据自身喜好、需求对产品进行定制，如在笔记本封面上印制个人照片、选择喜欢的课程图案；在饰品上刻字留念等。利用数字化技术，搭建个性化定制平台，消费者可在线进行产品定制操作，平台根据消费者订单进行生产制作。个性化定制开发不仅能提升消费者对产品的满意度与认同感，还能增加产品附加值，提高市场竞争力。例如，一些学校针对校友推出毕业纪念册个性化定制服务，校友可将自己在校期间的照片、故事等融入纪念册设计，打造独一无二的毕业纪念礼物，深受校友喜爱。

### （四）持续创新与更新

课程知识不断更新，市场需求也在持续变化，课程衍生品开发需保持持续创新与更新。关注课程体系改革、学科发展动态以及市场流行趋势，及时对产品进行创新设计与更新换代。定期推出新产品，丰富产品种类与产品线，满足消费者不断变化的需求。例如，随着人工智能技术在教育领域的应用，及时开发以人工智能课程为基础的新型衍生品，如人工智能科普绘本、编程机器人套件等；同时，对已有的课程衍生品进行优化升级，改进产品设计、功能与质量，保持产品在市场上的竞争力与吸引力。

校园文创产品中的课程衍生品开发具有重要价值，通过系统的开发流程与有效的开发策略，能够打造出兼具教育价值与市场竞争力的产品。从前期深入调研到创意构思、设计制作以及营销推广，每个环节都紧密相连，共同决定产品的成败。产学研合作、跨学科融合、个性化定制以及持续创新等策略，为课程衍生品开发提供了有力支撑。在未来，随着教育理念的更新与文化创意产业的发展，课程衍生品将在校园文化传播、教育教学辅助以及学生综合素养提升等方面发挥更重要的作用，各学校与相关机构应重视并不断探索课程衍生品开发新模式，推动校园文创产业迈向新高度，为教育事业发展注入新的活力。

# 第二节
# 教学辅助类文创设计

在教育改革与文化创意产业蓬勃发展的背景下，校园文创产品逐渐成为校园文化传播与教育教学的新兴载体。教学辅助类文创设计以独特的视角，将课程知识、教学需求与创意设计相结合，突破传统教学工具的局限，为学生提供更具趣味性、互动性的学习体验，为教师创造多样化的教学资源。这类文创产品不仅承载着校园文化特色，还能有效辅助教学活动，在激发学生学习兴趣、提升教学效果、传承校园文化等方面发挥着重要作用。深入研究教学辅助类文创设计，有助于推动校园文创产业发展，为教育教学注入新的活力。

## 一、教学辅助类文创产品的设计理念

### （一）以教育功能为核心

教学辅助类文创产品设计的首要目标是服务教学，需紧密围绕课程标准与教学目标，将知识内容巧妙融入产品设计中。无论是帮助学生理解抽象概念，还是强化知识点记忆，产品都应具备明确的教育指向性。例如，设计一款以物理力学知识为主题的文创教具，通过可拆解、可操作的模型，直观展示力学原理，帮助学生在实践操作中掌握知识。在设计过程中，要与学科教师紧密合作，精准把握教学重点与难点，确保产品能够切实解决教学中的实际问题，实现教育功能的最大化。

### （二）融合校园文化特色

校园文化是学校的灵魂，教学辅助类文创产品应充分体现校园文化特色，增强学生对学校的认同感与归属感。可从学校的历史底蕴、校训精神、学科优势、校园景观等元素中汲取灵感，将其转化为独特的设计语言融入产品中。如以学校标志性建筑为造型设计的文具，将校史故事制作成插画装饰在笔记本封面，用校训精神设计激励学生的书签等。这些带有浓厚校园文化印记的文创产品，在辅助教学的同时，也成为校园文化传播的载体，让学生在日常学习生活中潜移默化地接受校园文化的熏陶。

### （三）注重用户体验

设计时需充分考虑学生与教师的使用需求和体验感受，关注产品的实用性、便捷性与趣味性。对于学生而言，产品应符合其认知特点与审美偏好，以吸引他们主动使用；对于教师来说，产品要便于在教学活动中应用，能够有效提升教学效率。例如，设计一款互动式的历史知识卡片，卡片上除了文字介绍，还设置二维码链接相关历史纪录片或音频讲解，学生可通过手机扫码获取丰富的学习资源，增加学习的趣味性与自主性；教师在课堂上也可利用这些卡片进行知识问答、小组讨论等教学活动，丰富教学形式。同时，在产品材质、工艺、外观设计等方面也要注重品质与细节，为用户提供良好的使用感受。

## 二、教学辅助类文创产品的类型划分

### （一）知识传播类

知识传播类文创产品以传递课程知识为主要功能，通过多样化的形式将枯燥的知识转化为生动有趣的内容。常见的有以学科知识为主题的文具，如印有数学公式、英语单词、化学元素周期表的笔记本、练习本；以历史事件、文学名著、科学知识为内容设计的书签、明信片等。这类产品利用碎片化时间，让学生在日常使用中随时随地学习知识，起到普及知识与强化记忆的作用。例如，一款印有世界名画鉴赏知识的书签，学生在阅读书籍时，通过书签上的内容就能了解名画的创作背景、艺术特色等知识，提升艺术素养。

### （二）实践操作类

实践操作类文创产品旨在帮助学生通过动手实践加深对知识的理解与掌握，适用于自然科学、工程技术等学科教学。如物理实验模型、化学实验套装、生物解剖模型、3D 打印创意教具等。这些产品模拟真实的实验场景或操作过程，让学生在安全、便捷的环境中进行实践操作，培养学生的动手能力与创新思维。以化学实验套装为例，套装内包含常见的化学试剂与实验器材，学生可按照说明书进行简单的化学实验，观察化学反应现象，理解化学原理，提高学习效果。

### （三）互动学习类

互动学习类文创产品强调用户的参与性与互动性，通过游戏、竞赛等形式激发学生的学习兴趣，促进学生之间的交流与合作。如学科知识竞赛卡片、拼图游戏、角色扮演道具等。例如，一款以地理知识为主题的拼图游戏，将世界地图或中国地图分割成若干块，学生在拼图过程中，需要了解各个地区的地理位置、地形地貌、气候特征等知识，才能完成拼图；还可以组织学生进行拼图比赛，增加学习的趣味性与竞争性。互动学习类文创产品打破传统学习的枯燥模式，让学生在轻松愉快的氛围中学习知识，提升学习积极性。

### （四）教具辅助类

教具辅助类文创产品是对传统教学教具的创新与补充，为教师教学提供更多的工具与资源。如多媒体教学辅助软件、创意黑板贴、教学演示模型等。多媒体教学辅助软件可结合动画、视频、音频等多种形式，将抽象的知识以直观形象的方式呈现给学生，增强教学的吸引力；创意黑板贴可以将教学重点、课程框架等内容以美观的形式展示在黑板上，帮助学生梳理知识结构。这些教具辅助类文创产品能够丰富教学手段，提高教学效率，使教学活动更加生动有趣。

## 三、教学辅助类文创产品的设计流程

### （一）需求调研

在设计初期，需要进行全面深入的需求调研，了解教师的教学需求、学生的学习需求以及校园文化特色需求。通过问卷调查、访谈、课堂观察等方式，收集教师在教学过程中遇到的问题与对教学辅助工具的期望，了解学生的学习兴趣、学习习惯以及对文创产品的喜好。同时，深入研究学校的历史文化、学科优势、校园活动等内容，挖掘具有代表性的校园文化元素。例如，针对某所具有艺术特色的学校，在调研中发现教师希望有能够辅助艺术课程教学的创意教具，学生对具有艺术风格的文具兴趣浓厚，且学校的艺术展览、艺术社团活动等是校园文化的亮点，这些调研结果将为后续设计提供重要依据。

### （二）创意构思

基于需求调研结果，进行创意构思。结合课程知识、校园文化特色与设计趋势，从产品功能、形式、材质等方面展开创意。可以采用头脑风暴、思维导图等方法，激发设计灵感，提出多种创意方案。例如，在设计一款辅助语文教学的文创产品时，考虑到学生对古诗词学习兴趣不足，可构思将古诗词与流行音乐、动漫形象相结合，设计成带有二维码的书签，扫码即可聆听古诗词改编的歌曲或观看相关动漫短片；同时融入学校的书法特色文化，在书签上采用书法字体书写古诗词。在创意构思过程中，要注重创意的独特性、可行性与教育性，确保产品能够满足用户需求并具有市场竞争力。

### （三）设计深化

对初步创意方案进行筛选与优化，确定最终设计方向后，进行设计深化。在外观设计方面，运用色彩搭配、图形设计、字体排版等设计语言，将校园文化元素与教育内容完美融合，打造具有吸引力的视觉效果；在结构设计方面，确保产品的实用性与稳定性，对于实践操作类、教具辅助类产品，要注重其操作的便捷性与安全性；在材质选择方面，根据产品功能与定位，选择环保、耐用、舒适的材料。例如，设计一款生物标本模型，在外观设计上，要逼真还原生物的形态特征；在结构设计上，要考虑模型的组装与拆解是否方便，便于学生观察学习；在材质选择上，要选用无毒无害、不易损坏的材料，保证学生使用安全。同时，在设计深化过程中，要与生产厂家进行沟通，确保设计方案具有可生产性。

### （四）样品制作与测试

完成设计深化后，制作产品样品。通过样品制作，检验设计方案在实际生产中的可行性，发现可能存在的问题，如工艺难度过大、成本过高、功能实现不理想等。组织教师、学生代表对样品进行测试，收集他们的使用反馈与改进建议。例如，在测试一款数学教学辅助软件样品时，教师可能提出软件的教学功能设置不够合理，学生可能反映软件的操作界面不够友好，根据这些反馈意见，对设计方案进行调整与优化，直至达到满意的效果，为批量生产做好准备。

### （五）生产与推广

在样品测试通过后，进行批量生产。选择可靠的生产厂家，严格把控生产质量，确保产品符合设计要求与质量标准。在产品生产完成后，制定推广策略，通过线上线下相结合的方式进行产品推广。线上利用学校官网、社交媒体平台、电商平台等渠道进行产品宣传与销售；线下在校园文创店、书店、文具店等场所进行展示销售，还可以通过举办校园文创产品展览、教学辅助类文创产品体验活动等方式，吸引师生关注，提高产品的知名度与市场占有率。

## 四、教学辅助类文创产品的设计案例分析

### （一）案例一：某高校历史课程文创教具

某高校为提升历史课程教学效果，设计开发了一款以中国古代建筑为主题的文创教具。该教具以榫卯结构为设计灵感，将中国古代建筑的斗拱、梁柱等构件制作成可组装拆卸的模型。在设计过程中，充分考虑历史课程的教学需求，模型上标注了各构件的名称、作用以及在历史建筑中的应用，学生通过亲手组装模型，能够直观地了解中国古代建筑的结构特点与营造技艺，加深对历史知识的理解。同时，模型外观采用木质材料，表面雕刻了精美的传统纹饰，融入了校园文化中的艺术元素，具有较高的观赏价值。该文创教具在课堂教学中得到广泛应用，学生的学习兴趣明显增强，教学效果显著提升。

### （二）案例二：某中小学英语学习文创产品

某中小学针对学生英语学习兴趣不高的问题，设计了一系列英语学习文创产品，包括英语单词卡片、英语故事拼图、英语趣味贴纸等。英语单词卡片采用图文并茂的形式，将单词与生动有趣的图片相结合，并设置趣味小问题，如单词填空、词义猜测等，增加学习的趣味性；英语故事拼图将英语小故事分割成若干块，学生在拼图过程中，需要阅读英语故事，理解故事内容，才能完成拼图；英语趣味贴纸印有英语短语、日常用语等内容，学生可以将贴纸贴在书本、文具上，随时随地学习英语。这些文创产品以轻松有趣的方式帮助学生学习英语，受到学生的喜爱，有效提高了学生的英语学习成绩。

校园文创产品之教学辅助类文创设计是教育与文创融合的重要创新方向，通过以教育功能为核心、融合校园文化特色、注重用户体验的设计理念，以及合理的类型划分与科学的设计流程，能够开发出兼具教育价值与文化内涵

的优质文创产品。这些产品在辅助教学、激发学生学习兴趣、传承校园文化等方面具有显著优势。在未来的发展中，应进一步加强对教学辅助类文创设计的研究与实践，不断创新设计理念与方法，推动校园文创产业与教育事业的协同发展，为培养高素质人才、传播优秀校园文化发挥更大的作用。

# 第三节
# 校园文创育人功能实现

在新时代教育发展背景下，校园文化建设作为高校立德树人的重要组成部分，受到越来越多的关注。校园文创产品作为校园文化的物质载体，以其独特的创意与形式，将校园文化元素融入日常生活用品中，成为传播校园文化、实现育人功能的新型媒介。从高校到中小学，校园文创产品逐渐丰富多样，涵盖文具、服饰、饰品、数字产品等多个领域。这些产品不仅具有实用价值，更承载着学校的历史传统、精神理念与文化特色，在潜移默化中影响着师生的思想观念与行为方式，为校园文化育人开辟了新路径。

## 一、校园文创产品与校园文化育人的关系

### （一）校园文创产品是校园文化的具象载体

校园文化蕴含着学校的历史底蕴、精神内涵、办学特色等抽象元素，而校园文创产品通过创意设计，将这些抽象文化转化为具体可感的实物或数字

产品。例如，以学校标志性建筑为原型设计的钥匙扣、摆件，将建筑的独特造型与文化意义融入其中；以校史故事为题材制作的插画笔记本，用生动的画面展现学校发展历程。这些文创产品成为校园文化的物质载体，使师生及社会公众能够通过触摸、使用文创产品，直观感受校园文化的魅力，实现校园文化的具象化传播。

### （二）校园文化为文创产品赋予育人内涵

校园文化中所包含的校训精神、校风学风、价值观念等内容，赋予了校园文创产品深刻的育人内涵。当学生使用印有校训的书签时，校训所倡导的品德与精神会在潜移默化中影响学生的行为准则；穿着印有校园文化标识的文化衫，能增强学生对学校的认同感与归属感。校园文化的育人功能借助文创产品这一载体得以延伸，使学生在日常生活中接受文化熏陶，实现自我教育与成长。

### （三）育人功能是校园文创产品的核心价值

与普通文创产品不同，校园文创产品的核心价值在于其育人功能。它不仅满足师生对个性化文化产品的需求，更承担着传承校园文化、培养学生综合素质的使命。通过文创产品的使用、传播，校园文化中的知识、价值、审美等元素得以传递给学生，在激发创造力、提升文化素养、塑造健全人格等方面发挥着重要作用。因此，实现育人功能是校园文创产品开发与推广的重要目标。

## 二、校园文创产品校园文化育人功能的具体体现

### （一）传承校园历史文化，增强文化认同

校园文创产品通过对学校历史事件、人物、建筑等元素的挖掘与呈现，帮助师生了解学校发展历程，传承校园历史文化。如某高校推出的校史纪念邮票套装，以学校不同发展阶段的重要事件、标志性建筑为图案，配合详细

的文字介绍，让师生在收集、欣赏邮票的过程中，深入了解学校的历史变迁。还有学校将老照片、老物件复刻在文创产品上，唤起校友的回忆，增强校友对母校的情感认同，同时也让在校学生感受到学校深厚的历史底蕴，激发他们对校园文化的热爱，增强文化认同感与归属感。

### （二）塑造学生价值观，引导品德养成

校园文创产品中蕴含的校训精神、办学理念等价值观念，能够对学生的价值观塑造起到引导作用。以校训为主题设计的文创产品，如校训标语牌、印有校训的文具等，将校训精神融入学生日常学习生活场景中。当学生看到“自强不息，厚德载物”的校训时，会激励自己在学习中勤奋努力，在生活中培养高尚品德。此外，一些以校园文化活动、志愿服务为题材设计的文创产品，如公益活动纪念徽章、志愿者服务证书等，能够引导学生积极参与校园文化活动与社会实践，培养社会责任感与奉献精神，促进学生良好品德的养成。

### （三）培养审美能力，提升艺术素养

校园文创产品的设计融合了艺术创意与美学理念，在产品造型、色彩搭配、材质选择等方面都体现出独特的审美价值。学生在欣赏、使用这些文创产品的过程中，能够受到美的熏陶，培养审美感知能力。例如，以校园艺术作品为元素设计的文创产品，如绘画作品主题的丝巾、雕塑造型的文具等，让学生近距离感受艺术魅力，学习艺术表现手法，提升艺术鉴赏水平。同时，校园文创产品的设计也鼓励学生参与其中，通过文创设计大赛等活动，激发学生的艺术创作灵感，培养学生的创新思维与艺术实践能力，全面提升学生的艺术素养。

### （四）促进情感交流，营造和谐校园氛围

校园文创产品作为情感交流的载体，能够增进师生之间、同学之间以及学校与校友之间的情感联系。在校园活动中，定制的文创纪念品成为师生共

同参与活动的美好回忆和象征；同学之间互赠具有校园特色的文创礼物，表达友谊与祝福。对于校友而言，校园文创产品是他们寄托对母校思念之情的重要物品，增强了校友与学校之间的情感纽带。这种基于校园文创产品的情感交流，有助于营造温馨、和谐的校园氛围，增强校园文化的凝聚力与向心力。

## 三、校园文创产品校园文化育人功能实现存在的问题

### （一）文化内涵挖掘不足，育人深度有限

当前部分校园文创产品对校园文化内涵的挖掘不够深入，仍停留在表面化、形式化的呈现层面。许多产品仅仅将校徽、校名简单印在物品上，缺乏对学校独特历史文化、精神理念的深度解读与创意表达。这种缺乏文化内涵的文创产品难以引发师生的情感共鸣，无法充分发挥其育人功能，育人效果大打折扣。例如，一些学校的文创产品千篇一律，无法体现学校的特色与个性，无法让学生深入理解校园文化的精髓，育人深度受到限制。

### （二）设计形式单一，吸引力不足

在设计方面，校园文创产品普遍存在形式单一、缺乏创新的问题。多以传统的文具、饰品为主，且设计风格陈旧，未能结合现代审美趋势与流行元素进行创新设计。在数字文创产品领域，开发力度不足，缺乏互动性强、体验感好的产品。这种单一的设计形式难以吸引学生的关注与兴趣，尤其是在追求个性化、多样化的年轻消费群体中，缺乏市场竞争力，影响了校园文创产品育人功能的实现。

### （三）应用场景局限，育人覆盖面窄

校园文创产品的应用场景主要集中在校园内部，且多以销售、展览的形式出现，缺乏与教学活动、校园文化活动的深度融合。在课堂教学中，文创产品作为教学资源的应用较少；在校园文化活动中，文创产品未能充分发挥

其育人作用。此外，校园文创产品在社会层面的传播与推广不足，育人覆盖面有限，无法将校园文化的影响力扩展到更广泛的群体。

### （四）开发主体协同不足，资源整合欠缺

校园文创产品的开发涉及学校、文创企业、师生等多个主体，但目前各主体之间缺乏有效的协同合作机制。学校对文创产品开发的重视程度不够，缺乏专业的管理与指导；文创企业与学校的合作往往停留在商业层面，对育人功能的重视不足；师生参与文创产品开发的积极性不高，资源整合能力欠缺。这种协同不足的现状导致校园文创产品开发效率低下，难以形成具有品牌影响力的优质产品，制约了育人功能的充分发挥。

## 四、校园文创产品校园文化育人功能实现的优化策略

### （一）深度挖掘校园文化内涵，提升育人深度

学校应组织专业团队对校园文化进行系统梳理与研究，深入挖掘学校的历史故事、文化传统、精神理念等核心文化元素。结合不同学科专业特色，从多个角度解读校园文化内涵，为文创产品开发提供丰富的素材。例如，人文社科类专业可挖掘学校的历史文化故事、名人轶事；艺术设计类专业可从校园建筑美学、艺术作品中获取灵感。在产品设计过程中，注重对文化内涵的创意表达，通过巧妙的设计将文化元素与产品功能相结合，让学生在使用产品时能够深刻感受到校园文化的魅力，提升育人深度。

### （二）创新设计形式，增强产品吸引力

鼓励文创产品设计团队积极创新，结合现代设计理念、流行文化元素与科技手段，丰富产品类型与设计形式。在实物产品方面，除了传统品类，可开发具有实用性与创意性的家居用品、数码配件等；在数字文创产品方面，利用虚拟现实（VR）、增强现实（AR）、人工智能（AI）等技术，开发互动性强、体验感好的数字产品，如校园文化主题的 VR 游览应用、AR 明信片

等。同时，注重产品设计的个性化与定制化，满足不同师生的需求与喜好，增强产品的吸引力与市场竞争力。

### （三）拓展应用场景，扩大育人覆盖面

积极拓展校园文创产品的应用场景，将其融入到教学活动、校园文化活动以及社会服务中。在教学中，开发与课程内容相关的文创教具、学习辅助用品，如历史课程的文物模型、地理课程的地图拼图等，辅助教师教学，增强学生学习兴趣。在校园文化活动中，设计具有纪念意义的文创产品，如活动徽章、纪念册等，增强活动的仪式感与参与感。此外，加强校园文创产品的社会推广，通过线上电商平台、线下文创展览等渠道，将校园文化传播到社会各界，扩大育人覆盖面，提升学校的社会影响力。

### （四）加强多方协同合作，整合育人资源

建立学校、文创企业、师生等多方协同合作机制，整合各方资源，共同推动校园文创产品开发。学校应成立专门的文创管理机构，统筹规划文创产品开发工作，加强与文创企业的合作，引入专业的设计、生产与营销团队。同时，鼓励师生积极参与文创产品开发，通过举办文创设计大赛、设立文创工作室等方式，激发师生的创意与热情。各方在合作过程中，明确各自职责，加强沟通与交流，实现资源共享、优势互补，共同打造具有品牌影响力的优质校园文创产品，提升育人功能的实现效果。

校园文创产品作为校园文化育人的创新载体，在传承校园文化、塑造学生价值观、培养审美能力等方面具有重要作用。尽管当前校园文创产品育人功能的实现还存在一些问题，但通过深度挖掘文化内涵、创新设计形式、拓展应用场景、加强协同合作等优化策略，能够有效提升校园文创产品的育人效果。未来，随着对校园文创产品育人功能认识的不断深化与实践探索的持续推进，校园文创产品将在校园文化建设与人才培养中发挥更大的作用，成为校园文化育人不可或缺的重要力量。

# 第四节
# 学生创新创业能力培养

## 一、校园文创产品对学生创新创业能力培养的作用机制

### （一）激发创新思维，培养创新精神

校园文创产品的设计过程需要学生突破传统思维定式，从校园文化的独特视角出发，挖掘新颖的创意点。在对校园历史故事、标志性建筑、特色学科等元素进行创意转化时，学生需运用发散思维、逆向思维等创新思维方式，将抽象的文化元素具象化为具有吸引力的产品设计。例如，某高校学生在设计校园文创书签时，打破传统书签的形状与材质限制，将校园内珍稀植物的标本与金属材质相结合，制作出兼具艺术美感与科普价值的书签，这种创新设计不仅展现了学生独特的创意，更激发了他们对创新的热情与追求，培养了创新精神。

### （二）提升实践技能，积累创业经验

参与校园文创产品的开发与运营，为学生提供了丰富的实践机会，有助于提升学生多方面的实践技能。在产品制作环节，学生需要掌握手工制作、3D 打印、平面设计软件等技能，将设计图纸转化为实际产品。在市场推广阶

段，学生要学习市场调研、营销策划、客户关系管理等知识与技能，制定适合校园文创产品的营销策略，如利用社交媒体进行线上推广、举办校园文创活动进行线下销售等。通过这些实践活动，学生在真实的商业环境中积累创业经验，提升解决实际问题的能力，为未来的创业之路奠定坚实基础。

### （三）促进团队协作，增强沟通能力

校园文创产品的开发往往涉及多个专业领域，需要学生组建团队，协同合作。团队成员包括具有设计专长的学生负责产品外观设计，市场营销专业的学生进行市场分析与推广策划，财务管理专业的学生把控成本与预算等。在团队协作过程中，学生需要不断沟通与交流，明确各自职责，协调工作进度，共同解决遇到的问题。这种团队合作模式不仅能够整合不同专业学生的优势资源，提高项目的成功率，更能有效增强学生的团队协作意识与沟通能力，使学生学会在团队中发挥自身优势，实现共同目标。

## 二、校园文创产品在学生创新创业能力培养中的现状分析

### （一）成功案例分析

以清华大学的“清华印象”系列文创产品为例，该系列产品涵盖文具、服饰、饰品等多个品类，其设计巧妙融合了清华园的建筑景观、校史文化等元素，具有极高的艺术价值与文化内涵。在产品开发过程中，清华大学组织了跨学科的学生团队，包括美术学院的设计专业学生、经济管理学院的营销专业学生等共同参与。学生们通过深入调研市场需求、精心设计产品、精准推广营销，使“清华印象”系列文创产品在市场上取得了巨大成功，不仅提升了学校的文化影响力，更培养了学生的创新创业能力。许多参与项目的学生毕业后，凭借在项目中积累的经验与技能，成功进入文创产业或自主创业。

## （二）存在的问题

1. 课程体系不完善，缺乏系统指导

目前，多数学校尚未将校园文创产品开发纳入正式的课程体系，仅通过零散的讲座、社团活动等形式开展相关教学。这导致学生在参与校园文创项目时，缺乏系统的理论知识与实践技能指导，难以形成完整的创新创业思维体系。例如，在文创产品设计课程中，部分学校仅教授基础的设计软件操作，而对于文化元素挖掘、创意表达、用户需求分析等关键内容涉及较少，使得学生设计出的产品缺乏文化内涵与市场竞争力。

2. 实践平台建设不足，资源整合困难

校园文创产品的开发需要完善的实践平台支持，包括设计工作室、制作工坊、销售渠道等。然而，许多学校在实践平台建设方面存在不足，缺乏专业的设备与场地，无法满足学生的实践需求。同时，学校与企业、社会资源之间的合作不够紧密，难以实现资源的有效整合。例如，在产品制作环节，由于学校缺乏先进的制作设备，学生需要将产品外包给校外企业制作，这不仅增加了制作成本，还延长了制作周期，影响了项目的推进效率。

3. 激励机制不健全，学生积极性受挫

学生参与校园文创产品开发的积极性在很大程度上依赖于完善的激励机制。但当前部分学校的激励机制存在不健全的问题，对学生的成果认定与奖励不够重视。在学分认定方面，参与校园文创项目的学生难以获得相应的学分认可，影响了学生的学业成绩。在物质奖励方面，奖励力度较小，无法充分激发学生的创新热情。此外，对于学生在项目中取得的知识产权保护不足，导致学生的创意成果易被侵权，进一步挫伤了学生的积极性。

## 三、基于校园文创产品的学生创新创业能力培养策略

### （一）优化课程体系，加强专业指导

1. 构建跨学科课程体系

学校应整合艺术设计、市场营销、工商管理、文化产业管理等多个学科资源，构建跨学科的校园文创产品开发课程体系。在课程设置上，开设基础课程如校园文化研究、文创产品设计基础、市场调研方法等，让学生掌握校园文创产品开发的基本知识与技能。同时，设置专业核心课程，如文创产品创意策划、文创产品制作工艺、文创产品营销推广等，深入培养学生在各个环节的专业能力。此外，还可开设选修课程，如知识产权保护、品牌建设与管理等，拓宽学生的知识面，提升学生的综合素养。

2. 引入项目式教学法

在课程教学中，引入项目式教学法，以实际的校园文创产品开发项目为载体，让学生在项目实践中学习知识与技能。教师将学生分成若干项目小组，每个小组负责一个校园文创产品项目，从项目的选题、策划、设计、制作到市场推广，全程由学生自主完成。教师在项目实施过程中，扮演指导者与监督者的角色，为学生提供必要的指导与帮助。通过项目式教学法，学生能够将所学知识应用于实际项目中，提高解决实际问题的能力，培养创新创业思维。

### （二）强化实践平台建设，促进资源整合

1. 打造校内实践平台

学校应加大对校园文创产品实践平台的建设投入，打造集设计、制作、展示、销售为一体的校内实践基地。在校内建设专业的设计工作室，配备先进的设计软件与设备，为学生提供良好的设计环境。同时，设立制作工坊，引进 3D 打印机、激光切割机、丝网印刷机等制作设备，让学生能够将设计图纸转化为实际产品。此外，建设校园文创产品展示中心与销售店铺，用于展

示与销售学生的文创作品，为学生提供产品展示与市场反馈的平台。

2. 加强校企合作与社会资源整合

学校应积极与文创企业、设计公司、电商平台等建立合作关系，加强校企合作，实现资源共享与优势互补。通过与企业合作，学生能够参与企业实际的文创项目，了解市场需求与行业动态，提升实践能力。同时，学校还可邀请企业专家走进校园，开展讲座、培训等，为学生传授实战经验。此外，学校应充分整合社会资源，如与文化机构、博物馆、艺术展览等合作，举办校园文创产品展览、比赛等活动，拓宽学生的视野，提升校园文创产品的影响力。

### （三）完善激励机制，激发学生积极性

1. 建立多元化学分认定与奖励制度

学校应建立多元化的学分认定制度，对参与校园文创产品开发项目的学生给予相应的学分认可。根据学生在项目中的参与程度、贡献大小，合理确定学分分值，并将其纳入相关课程的学分体系。同时，设立丰富多样的奖励制度，除了物质奖励外，还应注重精神奖励。例如，设立校园文创产品开发专项奖学金，对表现优秀的学生团队与个人进行表彰奖励。此外，对学生的优秀文创作品进行公开展示、推荐参加各类比赛，提高学生的荣誉感与成就感。

2. 加强知识产权保护

学校应加强对学生在校园文创产品开发过程中产生的知识产权的保护，建立健全知识产权管理机制。在项目开展前，组织学生进行知识产权知识培训，提高学生的知识产权保护意识。在项目实施过程中，指导学生及时对创意成果进行专利申请、商标注册等知识产权保护措施。同时，学校应建立知识产权纠纷处理机制，当学生的知识产权受到侵犯时，能够及时为学生提供法律援助，维护学生的合法权益。

校园文创产品作为培养学生创新创业能力的重要载体，在激发学生创新思维、提升实践技能、促进团队协作等方面具有不可替代的作用。尽管当前

校园文创产品在学生创新创业能力培养过程中还存在课程体系不完善、实践平台建设不足、激励机制不健全等问题，但通过优化课程体系、强化实践平台建设、完善激励机制等一系列策略的实施，能够有效提升校园文创产品对学生创新创业能力的培养效果。未来，随着教育教学改革的不断深入与校园文创产业的持续发展，校园文创产品将在学生创新创业能力培养中发挥更大的作用，为社会培养出更多具有创新精神与创业能力的高素质人才。

# 第七章

# 校园文创版权保护与商业转化

在文化创意产业蓬勃发展的时代背景下，校园文创产品作为校园文化的重要载体，承载着学校的历史底蕴、精神内涵和独特气质。它不仅是学校文化传播的重要媒介，也是实现文化价值与商业价值融合的创新途径。近年来，越来越多的高校开始重视校园文创产品的开发，从具有学校特色的文具、服饰，到蕴含文化元素的工艺品、纪念品等，各类校园文创产品层出不穷。然而，在校园文创产品快速发展的过程中，版权保护与商业转化问题日益凸显。版权保护是保障创作者权益、激发创新活力的基础，而商业转化则是实现校园文创产品价值、推动产业发展的关键。如何平衡版权保护与商业转化之间的关系，成为校园文创产业发展亟待解决的重要课题。

# 第一节
# 校园文创知识产权保护

校园文创产品作为校园文化的创新呈现形式，承载着学校独特的历史底蕴、精神内涵和文化特色，在文化传播与商业发展中扮演着愈发重要的角色。然而，随着校园文创产业的蓬勃兴起，其知识产权保护问题也日益凸显，成为制约产业健康发展的重要因素。知识产权保护是激励创新、保障创作者权益、维护市场秩序的基石，对于校园文创产品而言，有效的知识产权保护不仅能够激发师生及创作者的创作热情，促进校园文化的传承与创新，还能为校园文创产业的商业转化与可持续发展提供坚实支撑。深入剖析校园文创知识产权保护的现状、挑战与应对策略，具有极为重要的现实意义。

## 一、校园文创知识产权保护的重要性

激励创新创作：明确的知识产权保护能够确保创作者的劳动成果得到尊重与回报，使他们在投入时间、精力和智慧进行校园文创产品创作时，无需担忧创意被盗用或抄袭。这种安全感极大地激发了创作者的积极性和创新活力，促使他们不断挖掘校园文化的深层内涵，运用新颖的设计理念和表现手法，开发出更多具有独特性和吸引力的文创产品，为校园文创产业注入源源不断的创新动力。例如，若一位学生精心设计了一款以学校标志性建筑为原型的创意书签，其知识产权得到充分保护，他将更有动力继续创作系列文创作品，丰富校园文创产品的种类。

保护学校无形资产：校园文创产品中所蕴含的校名、校徽、校训、校园景观、特色学科元素等，都是学校无形资产的重要组成部分。对这些元素在文创产品中的知识产权进行有效保护，能够维护学校的品牌形象和声誉，防止他人恶意使用或滥用学校文化标识，避免对学校形象造成损害。如某高校的校徽被非法印制在质量低劣的文创产品上销售，会误导消费者，降低学校在公众心中的形象，而完善的知识产权保护可杜绝此类情况发生。

维护市场秩序：在校园文创产品市场中，知识产权保护是规范市场行为、维护公平竞争环境的关键。通过打击侵权盗版行为，能够防止不法商家以不正当手段窃取他人创意，生产和销售侵权文创产品，从而保障合法经营者的权益，促使市场资源合理配置，推动校园文创产业有序发展。当市场上充斥着大量侵权文创产品时，会扰乱正常的市场秩序，挤压正版产品的市场空间，只有加强知识产权保护，才能营造健康的市场生态。

## 二、校园文创知识产权的类型

著作权：校园文创产品的设计图纸、图案、文字说明、摄影作品等，只要具有独创性并能以一定形式表现，就受著作权法保护。从文创产品的创意构思到最终成行的设计方案，如一款描绘校园四季风景的明信片设计，其绘画作品、排版布局以及文字介绍等都属于著作权保护范畴。创作者对其作品享有发表权、署名权、修改权、保护作品完整权以及复制权、发行权、信息网络传播权等一系列权利。

商标权：学校将校名、校徽、具有代表性的文创品牌名称等申请注册商标后，便享有商标专用权。商标权能够使校园文创产品在市场上具有独特的标识性，消费者可通过商标识别产品来源，区分不同学校或创作者的文创产品。例如，清华大学的“清华”商标，被广泛应用于其各类文创产品上，成为品质和校园文化的象征，未经授权他人不得在类似商品或服务上使用相同或近似商标。

专利权：若校园文创产品具有独特的技术创新或外观设计创新，可申请专利权。例如，某高校研发的一款具有专利技术的智能校园文创产品，如带有校园特色装饰且具备充电功能的创意手机支架，其独特的结构设计可申请实用新型专利；而一些造型新颖、富有美感的文创产品外观，如独特造型的校园纪念章，可申请外观设计专利。专利权赋予权利人在一定期限内对其发明创造的独占实施权，防止他人未经许可制造、使用、销售其专利产品。

## 三、校园文创知识产权保护现状

### （一）取得的进展

政策法规逐步完善：国家层面不断加强知识产权保护的立法和政策制定，为校园文创知识产权保护提供了坚实的法律基础。《中华人民共和国著作权法》《中华人民共和国商标法》《中华人民共和国专利法》等法律法规持续修订完善，加大了对知识产权侵权行为的惩处力度，提高了法定赔偿上限，增强了法律的威慑力。同时，各地也纷纷出台相关政策，鼓励和支持文化创意产业发展，加强对文创产品知识产权的保护，如一些地区设立了文创产业专项资金，对获得知识产权授权的文创项目给予资助。

高校意识逐渐提升：越来越多的高校开始重视校园文创产品的知识产权保护工作。部分高校设立了专门的知识产权管理部门或文创管理办公室，负责统筹校园文创项目的知识产权事务，包括版权登记、商标申请、专利申报以及侵权纠纷处理等。例如，北京大学成立了专门的文创中心，配备专业人员负责文创产品的开发与知识产权保护，制定了详细的文创产品管理办法，明确了知识产权归属和利益分配机制。

登记注册数量增加：随着知识产权保护意识的提高，校园文创产品的著作权登记、商标注册和专利申请数量呈现上升趋势。创作者和高校更加积极主动地通过法定程序对其文创成果进行权利登记，为日后维权提供有力证据。如中国美术学院的师生积极将其设计的文创作品进行著作权登记，每年新增的登记数量可观，有效保护了自身创作成果。

### （二）存在的问题

权利归属界定模糊：在校园文创产品开发过程中，涉及多方主体，包括学校、师生创作者、合作企业等，导致权利归属难以清晰界定。当学校提供创作素材和场地，师生负责创意设计，企业投入资金并负责生产销售时，对于文创产品的知识产权归属，各方可能存在不同理解。例如，某高校与一家企业合作开发一套校园主题文具，双方在合作协议中对知识产权归属约定不明确，后期因产品市场反响良好，在版权归属和利益分配上产生了严重纠纷。

侵权现象频发：由于校园文创产品市场需求大、利润空间可观，一些不法商家受利益驱使，未经授权擅自复制、销售侵权文创产品。侵权形式多样，包括抄袭他人设计、假冒学校商标、盗用校园文化元素等。比如，在电商平台上，时常出现一些未经授权销售印有知名高校校徽的假冒文创产品，这些产品不仅质量低劣，还严重损害了学校和正版创作者的权益。

维权难度较大：校园文创产品知识产权维权面临诸多困难。一方面，侵权行为具有隐蔽性和分散性，尤其是在网络环境下，侵权产品的销售渠道广泛，难以追踪和取证。另一方面，维权成本较高，包括调查取证费用、律师费、诉讼费等，而侵权赔偿金额往往难以弥补维权成本，导致创作者和高校维权积极性受挫。例如，某高校发现一款文创产品被侵权后，花费大量时间和资金进行调查取证和诉讼，但最终获得的赔偿金额远低于维权投入。

## 四、校园文创知识产权保护面临的挑战

校园文化资源的复杂性：校园文化资源丰富多样，涵盖校史故事、校园建筑、特色学科、传统习俗等多个方面，且这些资源的形成往往历经多年，涉及众多主体和历史事件。在将这些文化资源转化为文创产品时，如何准确界定其知识产权归属是一大难题。例如，校史故事中的人物形象和事件情节，可能涉及历史人物的肖像权、名誉权以及其后代的相关权益；校园建筑的外观形象作为一种艺术作品，其版权归属也存在争议，若要将其用于文创产品开发，需妥善处理相关权利问题。

创作主体的多元化：校园文创产品的创作主体不再局限于学校师生，还包括校友、校外设计师、合作企业等。不同创作主体的创作目的、利益诉求和知识产权意识存在差异，在合作创作过程中容易引发知识产权纠纷。学校希望通过文创产品传播校园文化，提升学校知名度；创作者更关注自身作品的知识产权保护和经济收益；企业则追求商业利润最大化。这种多元化的创作主体结构给知识产权管理带来了巨大挑战，如在合作协议的签订、权利义务的分配等方面，若处理不当，极易产生矛盾。

数字化传播的影响：互联网和数字技术的飞速发展，使校园文创产品的传播方式发生了深刻变革。数字文创产品如虚拟校园纪念品、电子贺卡、数字艺术作品等不断涌现，传统文创产品也通过网络平台进行广泛传播。数字化传播在扩大校园文创产品影响力的同时，也增加了知识产权保护的难度。网络环境下，侵权行为更加便捷、迅速且隐蔽，侵权者只需通过简单的复制粘贴操作，就能将他人的文创作品在网络上传播，且难以被及时发现和制止。此外，网络平台上的用户众多，信息海量，版权管理和侵权监测难度较大。

## 五、加强校园文创知识产权保护的策略

### （一）完善法律法规与政策支持

细化法律规定：针对校园文创知识产权保护中存在的权利归属界定模糊、侵权责任认定困难等问题，进一步细化相关法律法规。在著作权法中，明确规定合作创作、委托创作等情况下校园文创产品的著作权归属原则；在商标法中，加强对校园文化相关商标的保护力度，规范商标使用许可和转让程序；在专利法中，简化校园文创产品专利申请和审查流程，提高专利授权效率。例如，可制定专门的司法解释或实施细则，对校园文创知识产权纠纷的处理作出具体规定。

加大政策扶持：政府应出台更多鼓励校园文创产业发展和知识产权保护的政策措施。设立校园文创知识产权保护专项资金，用于支持高校和创作者开展知识产权维权、登记注册、宣传培训等工作；对积极开展知识产权保护

工作的高校和企业给予税收优惠、财政补贴等政策支持；建立知识产权质押融资风险补偿机制，鼓励金融机构为校园文创企业提供知识产权质押贷款，解决企业融资难题。

### （二）明确知识产权归属与管理

签订清晰协议：在校园文创产品开发过程中，涉及多方合作时，必须签订详细、明确的知识产权协议。协议应明确各方在创作过程中的权利义务，包括创意构思、设计开发、资金投入、生产销售等环节的具体职责；清晰界定知识产权归属，根据各方贡献合理分配权利；约定利益分配方式，确保创作者和相关主体的经济利益得到保障。例如，高校与企业合作开发文创产品时，协议中应明确规定版权归学校所有，企业享有一定期限的独家生产销售权，同时按照销售额的一定比例向学校支付版权使用费用。

建立管理机制：高校应建立健全校园文创知识产权管理机制，设立专门的知识产权管理部门或岗位，配备专业人员负责知识产权事务。加强对文创产品创作、开发、使用等全过程的管理，包括对创作素材的审核，确保不侵犯他人知识产权；对文创产品的设计方案进行版权登记，及时获取权利凭证；对产品生产销售过程中的商标使用、专利实施等进行监督，防止侵权行为发生。同时，建立知识产权档案，对校园文创产品的知识产权信息进行详细记录和管理。

### （三）强化知识产权管理措施

加强登记注册：鼓励校园文创产品创作者和相关主体积极进行知识产权登记注册。通过著作权登记，明确作品的创作完成时间和作者身份，为日后维权提供有力证据；及时申请商标注册，保护校园文创品牌，防止他人恶意抢注；对于具有创新技术或独特外观设计的文创产品，积极申请专利，获得法律赋予的独占实施权。例如，高校可设立知识产权登记注册服务中心，为师生和文创企业提供便捷的登记注册指导和代理服务，提高登记注册效率。

开展监测维权：建立校园文创知识产权监测机制，利用专业的知识产权监测软件和网络技术，对市场上的文创产品进行实时监测，及时发现侵权行为。一旦发现侵权线索，迅速采取维权措施，包括向侵权者发出警告函、要求其停止侵权行为、协商赔偿事宜；若协商无果，及时通过法律途径解决，向法院提起诉讼或向知识产权行政管理部门投诉，追究侵权者的法律责任。同时，加强与执法部门的沟通协作，形成打击侵权行为的合力。

### （四）提升知识产权保护意识

加强宣传教育：通过举办知识产权专题讲座、培训课程、研讨会等活动，加强对高校师生、文创创作者、企业员工等的知识产权宣传教育，普及知识产权法律法规知识，提高他们的知识产权保护意识和法律素养。在校园文化活动中，融入知识产权保护内容，如举办知识产权主题的征文比赛、创意设计大赛等，营造尊重知识产权的良好氛围。例如，高校可将知识产权课程纳入通识教育体系，作为学生的必修课程，培养学生的知识产权意识和创新能力。

培养专业人才：高校应加强知识产权专业人才培养，开设相关专业课程和学位点，培养既懂知识产权法律知识，又熟悉文化创意产业发展的复合型人才。同时，鼓励学校师生参加知识产权相关的社会实践和实习活动，提高他们的实际操作能力和解决问题的能力。此外，企业也应加强对员工的知识产权培训，提高企业整体的知识产权管理水平。

校园文创知识产权保护是一项系统而复杂的工程，关系到校园文化的传承创新、创作者的合法权益以及校园文创产业的健康可持续发展。面对当前校园文创知识产权保护中存在的问题和挑战，需要政府、高校、企业、创作者以及社会各界共同努力。通过完善法律法规、明确权利归属、强化管理措施、提升保护意识等多方面的策略，构建全方位、多层次的知识产权保护体系，为校园文创产业的发展保驾护航。只有在良好的知识产权保护环境下，校园文创产品才能不断推陈出新，实现文化价值与商业价值的有机融合，为校园文化传播和社会经济发展作出更大贡献。

# 第二节
# 授权合作模式解析

在校园文创产业蓬勃发展的当下，授权合作已成为实现校园文创产品商业价值、拓展市场的重要途径。通过授权合作，高校能够将丰富的校园文化资源与专业文创企业、创作者的设计、生产、销售能力相结合，充分挖掘校园文创产品的潜力。不同的授权合作模式适用于不同的合作场景和需求，深入了解并合理选择授权合作模式，对于保障合作各方的权益、提升校园文创产品的市场竞争力、推动产业可持续发展具有重要意义。

## 一、常见校园文创产品授权合作模式

### （一）品牌授权模式

品牌授权模式是指高校将校名、校徽、校训、特色学科标识等具有品牌价值的校园文化元素，授权给合作企业使用，企业在授权范围内生产、销售带有这些品牌元素的文创产品。例如，清华大学将“清华”商标授权给多家文创企业，这些企业基于商标开发了文具、服饰、工艺品等一系列文创产品。在该模式中，高校作为授权方，主要提供品牌资源，对合作企业的产品质量、设计风格等进行监督；合作企业作为被授权方，负责文创产品的具体设计、生产与销售，需按照授权协议向高校支付品牌授权费用，通常以销售额的一定比例或固定金额的形式结算。

### （二）设计授权模式

设计授权模式下，文创产品的创作者（可以是高校师生、校友或外部设计师）将其设计完成的文创产品设计方案，授权给企业进行生产和销售。比如，某高校学生设计的一套校园风景主题明信片，将设计版权授权给一家文创企业，企业负责明信片的印刷、包装和市场推广。授权方保留对设计作品的知识产权，企业在获得授权后，需按照约定支付设计授权费用，费用结算方式可能包括一次性买断、按产品销量分成等。同时，授权方有权对企业的生产过程和产品质量进行监督，确保产品符合设计要求和质量标准。

### （三）联合开发模式

联合开发模式是高校、文创企业、创作者等多方共同参与文创产品的开发过程。各方发挥自身优势，高校提供文化资源和创作场地，文创企业投入资金、生产技术和销售渠道，创作者负责创意设计，通过共同协作完成文创产品的开发。例如，北京大学与某文创企业、知名设计师联合开发一套具有北大文化特色的高端文创礼盒，三方共同商讨产品定位、设计风格、生产工艺等环节，按照约定的比例分担成本和分享收益。在这种模式下，各方通过签订详细的合作协议，明确各自在知识产权归属、利益分配、风险承担等方面的权利和义务。

### （四）代理授权模式

在代理授权模式中，高校或创作者将校园文创产品的销售代理权授予专业的销售代理机构。代理机构凭借自身的销售渠道和市场资源，负责文创产品的市场推广和销售工作。比如，某高校将其校园文创产品的线上销售代理权授予一家电商运营公司，该公司负责在各大电商平台开设店铺、进行产品宣传和销售。代理机构按照销售业绩向授权方支付一定比例的佣金，同时授权方有权对代理机构的销售行为进行监督，确保销售活动符合品牌形象和市场规范。

## 二、各授权合作模式的特点与优劣分析

### （一）品牌授权模式

1. 优势

品牌效应显著：高校品牌具有较高的知名度和美誉度，能够快速吸引消费者关注，为文创产品打开市场提供强大助力。以复旦大学为例，其品牌授权的文创产品借助学校的声誉，在市场上具有较强的竞争力，消费者出于对复旦大学的认可和喜爱，更愿意购买相关文创产品。

风险较低：高校无需直接参与文创产品的生产和销售环节，主要负责品牌监督和授权管理，能够有效降低运营风险和成本。合作企业承担生产、销售过程中的大部分风险，如市场波动、库存积压等问题。

2. 风险与挑战

品牌形象管理难度大：若合作企业生产的文创产品质量不达标或设计风格与高校品牌形象不符，可能会对高校品牌形象造成负面影响。例如，若授权企业生产的劣质文创产品流入市场，消费者会将对产品的负面评价与高校品牌联系起来，损害高校声誉。

授权费用难以确定：品牌授权费用的定价缺乏统一标准，需综合考虑高校品牌影响力、产品市场预期等多种因素，容易在费用谈判上产生分歧。

### （二）设计授权模式

1. 优势

激发创作活力：创作者能够通过设计授权获得经济收益，这会激励他们投入更多精力进行文创产品设计，有助于产出更多优秀的创意作品。例如，一些高校举办文创设计大赛，参赛者可将优秀作品进行设计授权，为创作者提供了变现渠道。

企业专注生产销售：企业无需投入大量资源进行创意设计，可将主要精

力放在产品生产工艺优化和市场销售拓展上，提高生产销售效率。

2. 风险与挑战

知识产权纠纷风险：若授权协议对知识产权归属和使用范围约定不明确，容易引发纠纷。例如，企业可能超出授权范围使用设计作品，或者创作者在授权后又将作品授权给其他企业，导致权利冲突。

设计与市场需求匹配度问题：创作者的设计理念可能与市场需求存在偏差，若企业缺乏对市场的准确判断，可能导致生产的文创产品滞销。

### （三）联合开发模式

1. 优势

资源整合优势明显：各方充分发挥自身优势，实现资源共享、优势互补，能够开发出更具竞争力的文创产品。如高校的文化资源与企业的生产技术、销售渠道相结合，再加上专业设计师的创意，能够打造出既具有文化内涵又符合市场需求的文创产品。

利益共享、风险共担：各方按照约定比例分担成本和分享收益，共同承担市场风险，增强了合作的稳定性和抗风险能力。

2. 风险与挑战

合作协调难度大：涉及多方主体，在合作过程中，各方在创意构思、生产进度、利益分配等方面容易产生分歧，需要耗费大量时间和精力进行沟通协调。

知识产权归属复杂：由于多方参与创作，文创产品的知识产权归属难以清晰界定，若处理不当，可能引发知识产权纠纷。

### （四）代理授权模式

1. 优势

销售渠道拓展迅速：专业销售代理机构拥有丰富的销售渠道和市场资源，能够快速将文创产品推向市场，扩大市场覆盖范围。例如，电商代理机构可以利用其在各大电商平台的运营经验和流量资源，提升文创产品的销量。

授权方专注核心业务：高校或创作者无需花费大量精力进行市场销售，可将更多时间和资源投入到文化资源挖掘和创意设计等核心业务上。

2. 风险与挑战

对代理机构依赖度高：授权方过度依赖代理机构的销售能力，若代理机构经营不善或合作出现问题，可能导致文创产品销售受阻。

销售数据透明度问题：授权方难以全面掌握销售数据，可能存在代理机构虚报销售业绩、隐瞒真实收益等情况，影响授权方的收益分配。

## 三、校园文创产品授权合作流程

### （一）前期准备阶段

资源梳理与评估：高校和创作者需对自身拥有的文化资源和文创产品进行系统梳理，评估其市场价值和授权潜力。高校明确可授权的品牌元素、文化符号，创作者整理自己的设计作品，分析作品的独特性和市场适应性。

寻找合作对象：通过行业展会、网络平台、人脉资源等多种渠道，寻找合适的合作企业或代理机构。在选择合作对象时，重点考察对方的信誉、实力、市场渠道、设计生产能力等因素，确保合作的可行性和稳定性。

### （二）谈判与签约阶段

商务谈判：双方就授权范围、授权期限、授权费用、知识产权归属、利益分配方式、质量标准、违约责任等关键条款进行深入谈判。在谈判过程中，充分沟通各自的需求和期望，寻求双方都能接受的合作方案。

签订协议：在达成一致意见后，签订详细、规范的授权合作协议。协议内容应明确具体，避免模糊不清的表述，确保双方的权利和义务得到有效保障。同时，建议由专业律师对协议进行审核，确保协议的合法性和有效性。

### （三）合作执行阶段

产品开发与生产：根据授权合作协议，合作企业按照要求进行文创产品的设计开发和生产制造。授权方定期对生产过程进行监督检查，确保产品质量和设计符合协议标准。

市场销售与推广：合作企业或代理机构利用自身渠道和资源，开展文创产品的市场销售和推广活动。授权方积极配合，提供必要的宣传素材和品牌支持，共同提升产品的市场知名度和销量。

### （四）后期管理阶段

监督与评估：授权方持续对合作方的生产销售行为进行监督，定期评估合作效果。通过市场反馈、销售数据等指标，分析合作过程中存在的问题，及时提出改进建议。

续约与调整：根据合作效果和市场变化，双方协商是否续约或对合作条款进行调整。若合作顺利，可考虑续签协议或扩大合作范围；若存在问题，及时调整合作模式或更换合作对象。

## 四、校园文创产品授权合作注意事项

### （一）明确知识产权归属

在授权合作协议中，必须清晰界定文创产品的知识产权归属，避免出现权利纠纷。对于品牌授权模式，明确高校对品牌元素的所有权；对于设计授权模式，规定创作者对设计作品的版权范围；对于联合开发模式，详细划分各方在知识产权上的权利份额。

### （二）规范授权条款

明确授权范围，包括授权使用的产品类别、地域范围、时间期限等。避免模糊表述，防止合作方超出授权范围使用授权资源。同时，约定授权费用的支付方式和时间节点，确保授权方的经济利益得到保障。

### （三）注重品牌保护

在合作过程中，加强对校园品牌形象的保护。对合作方生产的文创产品进行严格的质量把控和设计审核，确保产品符合高校品牌定位和形象要求。一旦发现合作方有损害品牌形象的行为，应及时采取措施制止，并追究其违约责任。

### （四）建立沟通机制

建立良好的沟通协调机制，加强合作方之间的信息交流。定期召开沟通会议，及时解决合作过程中出现的问题和分歧。保持信息畅通，有助于提高合作效率，增强合作的稳定性和信任度。

校园文创产品授权合作模式丰富多样，每种模式都有其独特的特点、优势和适用场景。在开展授权合作时，高校、文创企业和创作者应充分了解各模式的特点，结合自身实际需求和资源优势，选择合适的合作模式。同时，严格遵循授权合作流程，注意合作过程中的关键事项，确保合作顺利进行。通过合理的授权合作模式，实现资源整合、优势互补，推动校园文创产品的商业转化，促进校园文创产业的繁荣发展。

# 第三节
# 众筹平台的创新应用

在互联网技术飞速发展与文化创意产业蓬勃兴起的时代背景下，校园文创产品作为校园文化传播与商业价值实现的重要载体，迎来了新的发展机遇。众筹作为一种新兴的融资模式和商业模式，通过互联网平台将众多分散的小额资金汇聚起来，为项目的开展提供资金支持，并实现多方共赢。校园文创产品众筹平台应运而生，它不仅为校园文创项目解决了资金短缺的难题，还在产品研发、市场推广、用户互动等方面带来了创新变革，成为推动校园文创产业发展的新动力。深入研究校园文创产品众筹平台的创新应用，对于挖掘校园文化资源潜力、促进校园文创产业转型升级具有重要意义。

## 一、校园文创产品众筹平台的兴起背景

### （一）校园文创产业发展需求

随着校园文化建设的不断推进，校园文创产业呈现快速发展的态势。高校师生、校友以及社会公众对校园文创产品的需求日益多样化，从简单的文具、饰品到具有创意设计和文化内涵的高端工艺品、数字文创产品等，市场需求不断扩大。然而，校园文创产品的开发往往面临资金不足、市场风险高、创意与市场需求匹配度低等问题，传统的融资渠道和商业模式难以满足产业

发展的需求，急需创新的解决方案。

### （二）众筹模式的发展与普及

众筹模式自诞生以来，凭借其低门槛、开放性、大众参与性等特点，在全球范围内得到了广泛应用和快速发展。从最初的艺术、科技领域逐渐拓展到文化创意、农业、公益等多个领域。众筹模式通过互联网平台，打破了地域和时间的限制，将项目发起者与潜在支持者直接连接起来，实现了资金、创意、资源的有效整合。随着众筹平台技术的不断完善和用户认知度的提高，为校园文创产品众筹平台的发展奠定了良好的基础。

### （三）互联网技术的支撑

互联网技术的快速发展为校园文创产品众筹平台提供了强大的技术支撑。大数据、云计算、移动支付等技术的应用，使得众筹平台能够更加高效地实现项目展示、资金募集、信息沟通和交易管理等功能。同时，社交媒体的普及为众筹项目的宣传推广提供了便捷的渠道，能够快速吸引大量潜在支持者，扩大项目的影响力和传播范围。

## 二、校园文创产品众筹平台的创新模式

### （一）资金筹集模式创新

校园文创产品众筹平台打破了传统的融资模式，采用多样化的资金筹集方式。除了常见的股权众筹、债权众筹外，更多地采用奖励众筹模式。在奖励众筹模式下，支持者通过向校园文创项目提供资金支持，获得相应的文创产品或服务作为回报。例如，某高校发起的校园风景主题明信片众筹项目，支持者可以根据不同的出资金额，获得不同数量和款式的明信片，以及独家定制的纪念品等。这种模式不仅解决了项目的资金问题，还提前锁定了产品的潜在消费者，降低了市场风险。

### （二）产品研发模式创新

众筹平台为校园文创产品的研发提供了全新的思路。在传统模式下，文创产品的研发往往由创作者或企业自行决定，缺乏与市场的有效沟通，导致产品与市场需求脱节。而在众筹平台上，项目发起者可以在产品研发初期，通过发布项目创意和设计方案，收集支持者的意见和建议，根据市场反馈对产品进行优化和调整。例如，某高校文创团队在众筹平台上发起一款校园主题智能音箱的项目，根据支持者提出的功能需求和外观设计建议，对产品进行改进，使最终推出的产品更符合市场需求。这种“用户参与式”的产品研发模式，提高了产品的创新性和市场竞争力。

### （三）市场推广模式创新

校园文创产品众筹平台本身就是一个强大的市场推广平台。项目发起者可以通过平台展示项目的创意、故事、文化内涵以及产品优势，吸引潜在支持者的关注。同时，借助社交媒体的传播力量，支持者可以将项目分享给身边的朋友和社交网络，形成病毒式传播，扩大项目的影响力。此外，众筹平台还可以通过举办各类主题活动、评选优秀项目等方式，提高项目的曝光度。例如，一些众筹平台会定期举办“校园文创之星”评选活动，对优秀的校园文创众筹项目进行宣传和推广，吸引更多用户参与。

### （四）用户互动模式创新

众筹平台为项目发起者与支持者之间搭建了直接沟通的桥梁，实现了深度的用户互动。在项目众筹过程中，支持者可以随时了解项目的进展情况，并提出自己的想法和建议；项目发起者也可以及时回复支持者的问题，增强用户的参与感和归属感。例如，某校园文创众筹项目在平台上定期发布项目制作过程的视频和图片，与支持者分享创作心得和背后的故事，引发了支持者的强烈共鸣，提高了用户的忠诚度。这种良好的用户互动模式，不仅有助于提升产品的品质，还能为后续的产品销售和品牌建设积累用户资源。

## 三、校园文创产品众筹平台的重要作用

### （一）推动校园文创产业发展

校园文创产品众筹平台为校园文创产业注入了新的活力。它为众多有创意、有潜力的校园文创项目提供了资金支持，帮助项目顺利落地实施，促进了校园文创产品的创新和多样化发展。同时，通过众筹平台的市场推广和用户反馈，能够引导校园文创产业朝着更加符合市场需求的方向发展，提高产业的整体竞争力，推动校园文创产业的规模化和专业化发展。

### （二）促进校园文化传播

校园文创产品承载着丰富的校园文化内涵，众筹平台通过对校园文创项目的推广，使更多的人了解和接触到校园文化。支持者在获得文创产品的同时，也感受到了校园文化的魅力，成为校园文化的传播者。例如，一些具有地域特色和学校特色的文创产品通过众筹平台走向全国乃至全球市场，将独特的校园文化传播到更广泛的范围，提升了学校的知名度和影响力。

### （三）培养创新人才

校园文创产品众筹平台为高校师生和文创爱好者提供了一个展示创意和实现梦想的平台。在参与众筹项目的过程中，创作者可以锻炼自己的创意设计能力、项目管理能力和市场运营能力，积累实践经验。同时，平台上的用户反馈和市场竞争也促使创作者不断创新和改进，激发了他们的创新活力，有助于培养一批具有创新精神和实践能力的文创人才。

### （四）实现多方共赢

众筹平台实现了项目发起者、支持者、平台运营方等多方共赢的局面。项目发起者通过众筹获得资金支持，实现了文创项目的商业价值；支持者获得了具有独特意义和价值的文创产品，满足了自身的文化消费需求；平台运

营方通过收取一定的服务费用，实现了商业盈利。此外，校园文创产品的发展还能带动相关产业链的发展，创造更多的就业机会，促进社会经济的发展。

## 四、校园文创产品众筹平台存在的问题

### （一）项目质量参差不齐

由于众筹平台的低门槛特性，大量校园文创项目涌入平台，导致项目质量参差不齐。部分项目创意不足、设计粗糙，缺乏市场竞争力；还有一些项目存在虚假宣传、夸大收益等问题，损害了支持者的利益。例如，某些校园文创众筹项目在宣传时承诺的产品效果与实际交付的产品相差甚远，引发了支持者的不满和投诉。

### （二）风险控制难度大

校园文创产品众筹项目面临着多种风险，包括市场风险、技术风险、运营风险等。众筹平台在项目审核、资金监管、风险预警等方面存在一定的难度。一方面，平台难以对项目的市场前景和风险进行准确评估；另一方面，在项目实施过程中，若出现资金挪用、项目延期等问题，平台缺乏有效的监管和处理手段，导致支持者的资金安全难以得到保障。

### （三）用户信任度有待提高

由于众筹行业存在一些不良现象，如项目欺诈、虚假宣传等，导致用户对众筹平台的信任度受到影响。对于校园文创产品众筹平台来说，同样面临着用户信任度不足的问题。一些用户担心自己支持的项目无法按时交付产品，或者产品质量无法达到预期，从而对参与众筹持谨慎态度，限制了平台的发展规模。

### （四）平台竞争激烈

随着校园文创产品众筹市场的发展，越来越多的众筹平台涌现，市场竞

争日益激烈。各平台在项目资源、用户资源、技术服务等方面展开竞争，导致平台运营成本不断上升。同时，部分平台为了吸引项目和用户，采取低价竞争、违规操作等手段，扰乱了市场秩序，不利于行业的健康发展。

## 五、校园文创产品众筹平台的发展趋势

### （一）专业化与垂直化发展

未来，校园文创产品众筹平台将朝着专业化和垂直化方向发展。平台将更加专注于校园文创领域，深入挖掘校园文化资源，提供更加专业的服务和产品。例如，一些平台可能会针对不同类型的校园文创产品，如文具、服饰、工艺品等，设立专门的板块，为项目提供更加精准的推广和服务。

### （二）与新技术深度融合

随着人工智能、虚拟现实、区块链等新技术的不断发展，校园文创产品众筹平台将与新技术深度融合。利用人工智能技术实现项目智能推荐、风险评估；通过虚拟现实技术为用户提供沉浸式的产品体验；借助区块链技术实现资金安全监管、项目溯源等功能，提升平台的技术水平和服务质量。

### （三）加强品牌建设与用户运营

为了提高用户信任度和平台竞争力，校园文创产品众筹平台将更加注重品牌建设和用户运营。通过打造具有特色和影响力的平台品牌，树立良好的品牌形象；加强用户管理和服务，建立完善的用户反馈机制，提高用户满意度和忠诚度。例如，平台可以推出会员制度、积分奖励等活动，增强用户与平台的黏性。

### （四）拓展国际市场

随着全球化的发展，校园文创产品具有广阔的国际市场前景。校园文创产品众筹平台将积极拓展国际市场，吸引更多的国际支持者和项目。通过与

国际文创机构、高校合作，举办跨国文创众筹活动，推动校园文创产品走向世界，促进文化交流与合作。

## 六、校园文创产品众筹平台的可持续发展策略

### （一）加强项目审核与管理

众筹平台应建立严格的项目审核机制，对项目的创意、设计、团队实力、市场前景等进行全面评估，确保上线项目的质量。同时，加强对项目实施过程的监管，定期跟踪项目进展情况，要求项目发起者及时向支持者公布项目动态，保障支持者的知情权。对于违规项目，要及时进行处理，维护平台的良好秩序。

### （二）完善风险控制体系

平台应建立完善的风险控制体系，加强对项目风险的识别、评估和预警。引入专业的风险评估机构，对项目进行科学的风险评估；设立风险准备金，用于应对项目可能出现的风险；加强资金监管，确保资金专款专用，保障支持者的资金安全。同时，制定应急预案，对项目可能出现的延期、失败等情况，制定合理的解决方案。

### （三）提升用户体验与信任度

注重用户体验的提升，优化平台界面设计和操作流程，提高平台的易用性和便捷性。加强与用户的沟通和互动，及时回复用户的咨询和投诉，解决用户的问题。通过提供优质的服务和产品，树立良好的平台口碑，提高用户的信任度。此外，平台可以邀请权威机构对项目进行认证，增加项目的可信度。

### （四）加强合作与创新

加强与高校、文创企业、设计机构等的合作，整合各方资源，实现优势

互补。共同开展文创项目研发、市场推广等活动，提高项目的成功率和影响力。同时，鼓励平台进行创新，探索新的众筹模式、产品形态和服务方式，满足用户不断变化的需求，提升平台的竞争力。

校园文创产品众筹平台作为一种创新的商业模式，为校园文创产业的发展带来了新的机遇和挑战。通过创新资金筹集、产品研发、市场推广和用户互动等模式，在推动校园文创产业发展、促进校园文化传播、培养创新人才等方面发挥了重要作用。然而，当前校园文创产品众筹平台也面临着项目质量参差不齐、风险控制难度大、用户信任度有待提高等问题。未来，校园文创产品众筹平台应朝着专业化、垂直化方向发展，加强品牌建设和用户运营，与新技术深度融合，拓展国际市场。通过加强项目审核与管理、完善风险控制体系、提升用户体验与信任度、加强合作与创新等可持续发展策略，推动校园文创产品众筹平台健康、稳定发展，为校园文创产业的繁荣作出更大贡献。

# 第八章

# 校园文创经典案例深度剖析

本章通过深度剖析北京大学“燕园情”、斯坦福大学书店及东京大学卡通形象四大典型案例，揭示了校园文创产品开发与运营的核心逻辑：以深度挖掘校园文化内涵为根基，通过众筹平台、用户参与设计、跨学科协作、科技融合等创新手段，结合线上线下全渠道推广与用户互动社区建设，实现文化传播与商业价值的双重转化。案例展现了校园文创从单一产品到文化 IP 的升级路径，强调以用户需求为导向、以情感联结为纽带，通过多元策略（如众筹资金筹集、特色产品设计、跨界合作等）激活校园文化生命力，为校园文创产业的可持续发展提供了可复制的实践范式。

# 第一节
# 北京大学“燕园情”系列

## 一、项目发起背景

北京大学作为中国顶尖学府，拥有深厚的历史文化底蕴和广泛的社会影响力。“燕园情”系列文创产品旨在深度挖掘北大校园文化，将燕园的建筑景观、人文精神、历史故事等元素融入其中，满足北大师生、校友对校园情怀的寄托，以及社会公众对北大文化的向往。随着校园文创产业的发展和市场需求的增长，北大文创团队决定借助众筹平台的力量，推出“燕园情”系列，以创新的方式实现校园文化的传播与商业价值的转化。

## 二、众筹平台的选择与运用

北大文创团队经过调研，选择了具有较高知名度和用户活跃度、且在文化创意领域有丰富经验的众筹平台。该平台具备完善的项目展示功能、便捷的支付系统和强大的社交传播能力，能够为“燕园情”系列众筹项目提供良好的基础支持。在平台上，团队详细介绍了“燕园情”系列的创作理念、产品规划、团队背景以及众筹目标等信息，吸引潜在支持者的关注。

## 三、资金筹集模式与成果

奖励众筹为主导：采用奖励众筹模式，设置了不同档次的支持金额，对应丰富多样的回报。例如，较低金额的支持者可以获得“燕园情”系列的明信片、书签等小物件；中等金额的支持者除了能得到特色文创产品，如燕园风景主题的笔记本、钥匙扣等，还可获得专属的电子感谢信，上面印有个人名字及对支持的感谢话语；而大额支持者则有机会获得限量版的“燕园情”高级定制产品，如以未名湖和博雅塔为元素设计的纯银纪念章，以及受邀参加北大文创线下交流活动，与文创团队面对面交流。

众筹成果显著：通过精心策划和推广，“燕园情”系列众筹项目在短时间内吸引了大量支持者。众多北大校友出于对母校的热爱，纷纷应援支持；在校师生也积极参与，为校园文创助力；此外，许多对北大文化感兴趣的社会人士也加入了支持行列。最终，该项目不仅超额完成了众筹目标，筹集到的资金为“燕园情”系列产品的研发、生产和推广提供了充足的保障，还提前积累了大量的潜在客户资源。

## 四、产品设计研发过程中的创新

用户深度参与：在产品研发初期，北大文创团队在众筹平台上发布了多个产品创意和设计初稿，广泛收集支持者的意见和建议。比如对于“燕园情”系列中的一款校园主题拼图，最初设计了几种不同的图案组合和难度级别，支持者通过评论区、私信等方式反馈自己的喜好，团队根据反馈对拼图的图案选择、块数设置进行了优化，使其更符合大众需求。

文化内涵挖掘与创新表达：团队深入挖掘北大的历史文化元素，将其巧妙地融入产品设计中。以“百年博雅，燕园四季”新生学号定制藏书票为例，该套藏书票以博雅塔为主体意向，根据燕园四时风物及北大主旨精神，设计了“东风桃李、北溟潜鳞、秋水文章、玉壶寒窗”四个主题。画面主视觉展现未名湖畔、博雅塔旁四季变化的不同景象，镶边设计采用 1916 年蔡元培校长任命状的稻谷嘉禾纹饰，邮票右上方钤有“立德树人”印文，四幅主题画面下方分别勾勒出西校门、图书馆、百周年纪念讲堂、邱德拔体育馆等校园标志性建筑，寓意德育、智育、体育、美育、劳育并举的教育理念。同时，采用二代专用邮票纸、五色印制，每套藏书票编码为新生专属唯一入学学号，并使用隐形荧光油墨印制，在紫光灯照射下显现“春”“夏”“秋”“冬”字样和“百年博雅”暗记，既富有文化底蕴，又融入了现代科技元素，增加了产品的趣味性和独特性。

## 五、市场推广策略与成效

平台自身推广：众筹平台为“燕园情”系列项目提供了首页推荐、专题展示等推广资源。项目在平台的“校园文创精选”“热门众筹项目”等板块得到重点曝光，吸引了大量平台用户的关注。同时，平台根据用户的浏览历史、兴趣偏好等大数据信息，将“燕园情”系列项目精准推送给对校园文创、北大文化感兴趣的潜在用户。

社交媒体传播：北大文创团队充分利用社交媒体的力量，在微信、微博、小红书等平台上发布“燕园情”系列众筹项目的相关信息。制作精美的图文介绍、生动有趣的短视频，讲述产品背后的创作故事、北大的历史文化，引发了广泛的传播和讨论。例如，在微博上发起的#燕园情文创众筹#话题，阅读量迅速突破数百万，众多网友积极参与讨论，分享自己对北大文创的期待和喜爱，进一步扩大了项目的影响力。

合作推广：与北大校内的学生组织、社团合作，开展“燕园情”文创产品推广活动。例如，与北大摄影社团联合举办“燕园之美”摄影比赛，将“燕园情”系列文创产品作为奖品，吸引了众多学生参与，同时也借助社团的宣传渠道，将众筹项目信息传递给更多校内师生。此外，还与一些文化类自媒体、知名博主合作，邀请他们体验和推荐“燕园情”系列产品，借助他们的影响力和粉丝基础，拓展了项目的市场推广范围。通过一系列的市场推广策略，“燕园情”系列众筹项目的知名度大幅提升，吸引了来自全国各地乃至海外的支持者，为后续产品的销售和品牌建设奠定了坚实的基础。

## 六、用户互动与社区建设

实时沟通与反馈：在众筹过程中，北大文创团队安排专人负责在众筹平台上与支持者保持密切沟通。及时回复支持者的咨询、建议和疑问，平均回复时间不超过24小时。对于一些重要的问题和反馈，团队会进行专题讨论，并将处理结果及时公布在平台上，让支持者感受到自己的意见得到重视。

项目进展披露：定期发布项目进展报告，通过文字、图片、视频等形式，向支持者展示“燕园情”系列产品的设计优化过程、生产制作进度、质量检测情况等。例如，在产品打样阶段，团队拍摄了详细的视频，展示样品的材质、工艺和细节，让支持者对产品的实际效果有更直观的了解。

社区活动组织：在众筹平台上建立“燕园情”社区，鼓励支持者之间交流互动。组织线上话题讨论，如“我心中的燕园记忆”“最期待的燕园情文创产品”等，激发支持者的参与热情。同时，不定期举办社区抽奖活动，奖品为“燕园情”系列的文创产品或周边小礼品，增强社区的活跃度和用户粘性。通过良好的用户互动与社区建设，“燕园情”系列众筹项目形成了一个活跃的用户社区，支持者不仅成为了产品的购买者，更成为了北大文创的宣传者和品牌建设的参与者，为北大文创的长期发展积累了宝贵的用户资源和口碑。

# 第二节
# 斯坦福大学书店运营模式

## 一、项目发起背景与定位

斯坦福大学作为世界顶尖学府，汇聚着来自全球的优秀师生，拥有浓厚的学术氛围与丰富多元的校园文化。随着校园发展以及师生、访客对于知识获取、文化体验需求的增长，建立一个能够全方位服务校园社区，并彰显斯坦福特色的书店成为必然趋势。斯坦福大学书店应运而生，其定位不仅仅是传统意义上的售书场所，更是校园文化的传播枢纽、学术交流的重要平台以及师生生活的服务中心。书店旨在为师生提供广泛的学术资源，满足不同学科、不同层次的学习需求；同时，通过特色文创产品展示斯坦福的独特魅力，增强师生与校友的归属感；还为校园访客提供了解斯坦福大学文化的窗口，在促进知识传播的同时创造一定的经济效益。

## 二、选品策略与图书采购

学术资源优先，兼顾多元需求：在图书选品上，斯坦福大学书店将学术类书籍作为核心品类。鉴于斯坦福大学在多个学科领域的卓越成就，书店针对各专业课程设置，精心挑选与之匹配的教材、学术专著、研究报告等。例如，在计算机科学、工程学、商学等优势学科方面，书店不仅储备了当下主流的教材版本，还引入了前沿的学术研究成果书籍，以满足师生深入学习与研究的需求。同时，为了丰富读者的阅读选择，书店兼顾大众阅读需求，设置了文学、历史、艺术、科普等多个非学术类图书专区。在文学区，涵盖经典名著以及当下热门的畅销小说，从莎士比亚的戏剧集到现代热门的科幻小说应有尽有；历史区则陈列着从世界通史到特定地区、特定时期的专业历史研究著作，满足不同读者对历史知识的探索欲望。

精准采购，结合大数据与专业建议：在图书采购环节，书店运用大数据分析工具，结合过往销售数据、师生借阅数据以及课程设置变化，预测各类图书的需求趋势。通过分析数据，书店能精准把握不同学科教材的更新周期、特定学术领域研究热点变化所带来的图书需求波动。例如，通过数据分析发现近年来人工智能领域的研究热度持续攀升，书店便提前加大该领域相关书籍的采购量，包括经典理论著作、最新研究案例集等。此外，书店还组建了由各学科教授、图书馆员以及资深书商组成的采购顾问团队。教授们凭借其专业知识，推荐本学科领域最具价值的新书和经典著作；图书馆员依据长期积累的文献资源管理经验，提供图书版本对比、馆藏补充建议等；资深书商则从市场趋势、出版动态等角度，为采购决策提供参考。通过大数据与专业建议的有机结合，确保书店采购的图书既符合学术需求，又能紧跟市场与文化潮流。

## 三、空间布局与环境营造

功能分区合理，营造沉浸式阅读体验：斯坦福大学书店的空间布局极为考究，以满足不同读者的行为习惯与需求。书店划分为多个功能区域，包括新书展示区、畅销图书区、学术图书专区、儿童图书区、文创产品区以及阅读休闲区等。新书展示区通常位于书店入口的显眼位置，通过精心设计的陈列架和醒目的标识，吸引读者的注意力，让他们能第一时间了解到最新出版的书籍。畅销图书区则依据不同类型的畅销书进行分类陈列，方便读者快速找到热门读物。学术图书专区按照学科分类细致布局，同一学科的书籍集中摆放，并且设置了专业索引标识，便于师生迅速定位所需的学术资料。儿童图书区采用活泼有趣的装修风格，色彩鲜艳的书架、可爱的卡通形象装饰，营造出适合儿童阅读的温馨氛围，还设置了小型阅读角，配备儿童沙发和矮桌，让孩子们可以舒适地阅读。文创产品区展示着各类带有斯坦福大学标志和特色元素的文创商品，从文具、服饰到饰品等，琳琅满目。阅读休闲区配备舒适的沙发、桌椅，提供免费的 Wi-Fi，部分区域还设有咖啡售卖点，读者可以在此惬意地阅读、交流，享受沉浸式的阅读体验。

融入校园文化元素，打造文化地标：在环境营造方面，书店巧妙地融入斯坦福大学的校园文化元素，使其成为校园文化的生动展示窗口。店内装饰大量采用斯坦福大学的标志性色调——红色与白色，从书架的颜色到墙面的装饰画，都能看到这两种色彩的巧妙搭配。墙壁上悬挂着斯坦福大学历史上著名学者、校友的画像以及校园风景照片，如校园地标胡佛纪念塔、美丽的校园广场等，让读者在阅读的同时，感受到斯坦福大学深厚的历史底蕴。书店还定期举办主题展览，展示与斯坦福大学相关的历史文物复制品、珍贵书籍手稿等。例如，曾举办过关于斯坦福大学早期办学历史的展览，展出建校初期的课程表、学生的学习笔记等，吸引了众多师生和访客前来参观，进一步增强了书店的文化吸引力，使其成为校园内的文化地标之一。

## 四、线上线下融合运营

线上平台搭建，拓展销售与服务渠道：为适应数字化时代的发展趋势，斯坦福大学书店构建了功能完善的线上平台。线上书店界面设计简洁易用，具备强大的搜索功能，读者可以通过关键词、作者、学科分类等多种方式快速查找所需图书。平台详细展示每本图书的基本信息，包括内容简介、目录、书评等，方便读者了解书籍内容后做出购买决策。线上书店支持多种支付方式，确保支付安全便捷。除了图书销售，线上平台还提供丰富的服务功能。例如，读者可以在线查询书店的库存信息，了解心仪图书是否有货，避免白跑一趟；支持在线预订图书，书店会在图书到货后及时通知读者取货。此外，线上平台还设置了会员系统，读者注册会员后可以享受积分累计、会员专享折扣、优先参与活动等特权。通过会员系统，书店能够收集读者的购买偏好、阅读习惯等数据，为精准营销和个性化服务提供依据。

线下活动丰富，增强用户黏性与互动：在线下，斯坦福大学书店积极举办各类活动，打造活跃的文化交流空间。书店定期邀请知名作家、学者来店举办讲座、签售会等活动。例如，邀请诺贝尔文学奖获得者来店分享创作心得，吸引了众多文学爱好者前来聆听与交流；邀请校内知名教授举办学术讲座，结合其最新研究成果解读相关领域的前沿知识，为师生提供了与专家面对面交流的机会。书店还组织各类读书俱乐部活动，如经典文学读书俱乐部、科幻小说读书俱乐部等，读者可以报名参加自己感兴趣的俱乐部，与志同道合的书友们定期相聚，分享读书心得，进行深入的文学探讨。此外，书店还会举办亲子阅读活动，邀请家长和孩子一起参与，通过故事讲述、互动游戏等形式，培养孩子的阅读兴趣。这些线下活动不仅丰富了师生与社区居民的文化生活，还极大地增强了用户对书店的黏性与认同感，促进了读者之间以及读者与书店之间的良好互动。

## 五、客户服务与会员体系

专业贴心服务，满足多样化需求：斯坦福大学书店注重为客户提供专业、贴心的服务。书店员工均接受过专业培训，具备良好的图书知识和服务意识。当读者在店内寻求帮助时，员工能够迅速、准确地为其提供图书推荐、查找指引等服务。例如，对于学生读者，员工可以根据其所在专业和学习阶段，推荐合适的教材辅导书、拓展阅读书籍；对于访客，员工能介绍与斯坦福大学相关的特色书籍和文创产品。书店还提供定制服务，如为学校的学术项目、社团活动定制专属的书籍套装或文创礼品；为有特殊需求的读者，如视障读者，提供有声读物等辅助阅读资源。此外，书店关注客户反馈，通过设置意见箱、在线调查问卷等方式收集读者的意见和建议，并及时对服务进行改进。

会员体系完善，提升客户忠诚度：书店建立了完善的会员体系，通过多种方式提升会员的忠诚度。会员分为不同等级，如普通会员、银卡会员、金卡会员等，会员等级根据读者的消费金额、消费频次等指标自动升级。不同等级的会员享有不同程度的优惠和特权。普通会员可享受一定比例的图书折扣，银卡会员除折扣外，还能在生日当月获得额外的优惠券，参加会员专属的小型活动；金卡会员则能享受更高的折扣、优先预订热门图书、受邀参加高端文化活动等特权。会员积分系统也是会员体系的重要组成部分，读者每消费一定金额便可获得相应积分，积分可用于兑换图书、文创产品或抵扣现金。书店还会定期为会员发送专属的电子刊物，内容包括新书推荐、活动预告、会员专属优惠信息等，保持与会员的密切沟通，增强会员对书店的归属感和认同感，从而有效提升客户忠诚度。

## 第三节

## 东京大学卡通形象营销策略

### 一、项目发起背景与形象定位

东京大学作为日本顶尖学府，在全球学术领域占据重要地位，拥有悠久历史与深厚文化底蕴。在校园文化传播需求增长以及动漫文化盛行的大环境下，东京大学着手打造专属卡通形象，期望借此创新方式传播校园文化，增进校内外群体对学校的认知与情感联结。

经过深入调研与策划，东京大学推出了具有鲜明特色的卡通形象。该形象以东京大学标志性建筑、传统元素以及学生风貌为灵感源泉。例如，卡通角色身着融合现代风格与东大传统校服元素的服饰、佩戴带有校徽的配饰，发型设计展现出青春活力，整体形象既体现了东大的学术庄重，又不失青春朝气，精准定位于代表东京大学的文化使者，面向师生、校友以及对日本高等教育文化感兴趣的全球受众。

## 二、卡通形象设计特色与文化内涵

融合校园标志性元素：在设计过程中，团队精心融入诸多东京大学的标志性元素。以校园内古老的赤门为例，卡通形象的帽子造型参考赤门的建筑轮廓，进行卡通化变形处理，使其既保留赤门的庄重特征，又增添可爱俏皮感；服饰上的条纹图案，借鉴了东大校园内传统建筑装饰线条，色彩选取校徽中金黄与淡青的经典搭配，象征着东大的辉煌历史与蓬勃生机。

承载学术精神与人文关怀：卡通形象的表情和动作设计着重体现东京大学的学术精神与人文关怀。其眼神专注而充满求知欲，寓意东大学子对知识的不懈追求；在一些场景设定中，卡通形象手持书本与同学交流讨论，或是参与校园科研项目，展现出东大浓厚的学术氛围与团队合作精神。此外，卡通形象还积极参与校园公益活动，如环保行动、关爱弱势群体等，传递东大的人文关怀理念，使形象更具温度与亲和力。

## 三、线上推广策略与成效

社交媒体平台运营：东京大学充分利用社交媒体的强大传播力，在全球主流社交平台以及日本本土热门社交软件 LINE 上开设卡通形象官方账号。定期发布精美的图片、有趣的短视频以及生动的故事，内容涵盖卡通形象在校园生活中的点滴趣事、参与学术活动的场景、与师生互动的温馨瞬间等。例如，制作一系列以“东京大学一日游”为主题的短视频，通过卡通形象的视角，展示校园美景、特色建筑、图书馆丰富藏书以及课堂上的精彩授课，吸引大量用户关注与转发。通过举办线上互动活动，如“为卡通形象取名”“创作卡通形象校园故事”等，激发用户参与热情，增强用户黏性。这些活动吸引了全球众多粉丝参与，许多非东大学生也因对卡通形象的喜爱，开始关注东京大学的文化与学术动态。

表情包与主题壁纸推广：开发以卡通形象为核心的表情包和主题壁纸，在各大应用商店上线供用户免费下载。表情包设计紧扣日常交流场景，包含丰富的表情、动作和有趣的文字气泡，如“加油学习”“考试必过”“开心玩耍”等，满足用户在不同情境下的表达需求。主题壁纸则根据季节、节日以及校园重大活动进行更新，如樱花季的粉嫩校园壁纸、校庆时带有庆祝元素的壁纸等。这些表情包和主题壁纸在网络上广泛传播，用户在使用过程中不自觉地加深对东京大学卡通形象的印象，实现了低成本、高频率的品牌传播。据统计，表情包下载量在上线一年内突破数百万次，主题壁纸下载量也达到可观数字，极大提升了东京大学卡通形象的知名度与影响力。

## 四、线下推广策略与成效

校园活动融入：在东京大学校园各类活动中，卡通形象成为活跃的焦点。开学典礼上，卡通形象以特别嘉宾身份登场，欢迎新生入学，与新生合影留念，为他们送上入学祝福，帮助新生快速融入校园文化氛围。在校庆、学术研讨会、运动会等重大活动中，卡通形象参与节目表演、担任活动吉祥物，通过现场互动游戏、分发小礼品等方式，拉近与师生、校友的距离。例如，在运动会期间，卡通形象化身“运动小能手”，参与趣味运动项目，为运动员加油助威，其活泼可爱的形象激发了现场观众的热情，成为活动中的亮点。通过频繁参与校园活动，卡通形象深入人心，增强了校内群体对学校的归属感与认同感。

文创产品开发与销售：推出丰富多样的以卡通形象为主题的文创产品，涵盖文具、服饰、饰品、玩具等多个品类。文具类有印有卡通形象的笔记本、便签纸、笔袋等，满足学生日常学习需求；服饰类包括T恤、卫衣、帽子等，设计时尚新颖，深受师生和校友喜爱，成为校园内外的流行穿搭；饰品类如钥匙扣、胸针、手机挂件等，小巧精致，便于携带，成为人们展示对东京大学喜爱的时尚单品；玩具类的毛绒公仔、拼图、手办等，造型可爱，具有较高的收藏价值。这些文创产品在校园书店、纪念品店以及线上官方商城销售，不仅为学校带来一定经济收益，更重要的是通过产品流通，将东京大学的卡通形象传播到更广泛的地区，提升学校的品牌影响力。文创产品销售额逐年增长，部分热门产品甚至出现供不应求的情况，进一步证明了卡通形象线下推广的成效。

## 五、跨界合作策略与影响力拓展

与知名品牌联名：东京大学积极与各领域知名品牌开展跨界合作，借助品牌的影响力与资源，拓展卡通形象的传播范围。与日本知名的文具品牌合作，推出限量版文具套装，将卡通形象与文具品牌的经典产品相结合，如印有卡通形象的高品质铅笔、橡皮、削笔刀等，既提升了文具产品的文化内涵，又借助文具品牌的销售渠道，使东京大学卡通形象触达更多文具爱好者。与运动品牌联名推出运动装备，如运动鞋、运动背包等，将东大的运动精神与品牌的运动理念相融合，在运动市场引发关注。与餐饮品牌合作推出主题套餐，在餐厅内设置卡通形象展示区，吸引消费者前来打卡消费。通过这些跨界合作，东京大学卡通形象成功破圈，吸引了不同消费群体的关注，提升了品牌的多元影响力。

参与社会公益活动：让卡通形象积极参与社会公益活动，提升品牌的社会形象与美誉度。与环保组织合作，开展垃圾分类宣传活动，卡通形象化身“环保小卫士”，通过制作宣传海报、举办环保讲座、参与社区环保行动等方式，向公众传递环保理念。参与关爱儿童成长公益项目，为贫困地区儿童捐赠学习用品，卡通形象作为爱心使者，为孩子们送去温暖与鼓励。在防灾减灾宣传活动中，卡通形象通过制作科普视频、举办模拟演练等形式，向公众普及防灾减灾知识。通过参与这些公益活动，东京大学卡通形象展现出积极向上的社会担当，赢得社会各界的赞誉，进一步提升了学校在社会公众心中的形象。

# 第九章

# 校园文创的社会价值延伸

校园文创的社会价值延伸展现是多方面的。校园文创在校地合作乡村振兴中具有广阔的发展空间和重要的社会价值。通过挖掘乡村文化资源、促进产业融合发展、推动人才培养与交流等实践路径，校园文创能够为乡村振兴注入新动力，实现文化传承、经济发展和社会进步的多赢局面。校园文创在文化遗产的年轻化表达中具有独特优势和重要作用。通过创新设计理念、传播方式和营销模式，能够让文化遗产以更贴近年轻群体的形式呈现，激发年轻群体对文化遗产的兴趣和热爱，促进文化遗产的传承与创新发展。校园文创的社会创新实验在教育创新、社区共建、公益实践等领域取得了显著成效，展现出强大的社会价值和发展潜力。通过创新的模式和实践，校园文创不仅推动了文化的传承与创新，还为解决社会问题、促进社会和谐发展提供了新的途径。

# 第一节
# 乡村振兴中的校地合作

乡村振兴是国家发展的重要战略，在这一进程中，文化振兴是关键一环。校园文创凭借其创新设计能力、文化传播优势和人才资源储备，与乡村振兴校地合作相结合，能够为乡村发展注入新活力，实现社会价值的有效延伸。校园文创与乡村资源的融合，不仅可以推动乡村文化的传承与创新，还能促进乡村产业升级，带动乡村经济发展，同时为乡村培养专业人才，提升乡村社会的整体发展水平。

## 一、校园文创与乡村振兴结合的意义

### （一）文化传承与创新

乡村拥有丰富的历史文化、民俗风情和传统技艺等资源，但随着时代发展，部分乡村文化面临传承断层的危机。校园文创通过与乡村合作，能够深入挖掘这些文化资源，将其转化为具有创意的文创产品和文化活动。例如，将乡村传统手工艺如剪纸、刺绣等融入校园文创设计中，以新颖的形式呈现乡村文化，既实现了对乡村传统文化的传承，又通过创新设计赋予其新的生命力，吸引更多人关注和了解乡村文化。

### （二）经济发展带动

校园文创与乡村产业的结合，可以形成新的经济增长点。文创产品的开发和销售，能够增加乡村的经济收入；同时，以文创为核心的乡村旅游、体验式消费等产业也会随之发展，带动乡村餐饮、住宿、交通等相关产业的繁荣。例如，开发具有乡村特色的文创主题民宿，结合当地文化元素进行装修设计，并提供与文创产品制作相关的体验活动，吸引游客前来消费，从而促进乡村经济的多元化发展。

### （三）社会凝聚力提升

校地合作开展校园文创项目，能够加强乡村居民与高校师生之间的交流与互动。在合作过程中，双方相互学习、相互支持，增进彼此的了解和信任。同时，乡村居民参与文创产品的制作和推广，能够增强他们对家乡文化的认同感和自豪感，激发他们参与乡村建设的积极性，提升乡村社会的凝聚力。

## 二、校园文创在校地合作乡村振兴中的实践路径

### （一）挖掘乡村文化资源，打造特色文创产品

文化调研与梳理：高校组织专业团队深入乡村，开展文化调研工作。通过实地走访、与村民交流、查阅历史资料等方式，全面了解乡村的历史沿革、民俗文化、传统技艺、自然景观等资源。例如，在与某传统手工艺村落合作时，高校团队详细记录了当地剪纸艺术的起源、发展历程、制作工艺和特色图案，为后续文创产品开发提供丰富素材。

创意设计与产品开发：结合乡村文化特色和市场需求，高校文创团队进行创意设计。将乡村文化元素与现代设计理念、技术手段相结合，开发出具有独特魅力的文创产品。如以乡村传统建筑为原型设计的建筑模型、将乡村民俗故事转化为动漫形象制作的周边产品等。同时，注重产品的实用性和多样性，开发文具、饰品、家居用品等不同类型的文创产品，满足不同消费者

的需求。

### （二）促进产业融合发展，构建乡村文创产业链

产业联动发展：以校园文创为核心，推动乡村文创产业与农业、旅游业、手工业等产业的融合发展。例如，打造“文创+农业”模式，开发具有乡村特色的农产品包装文创产品，提升农产品的附加值；发展“文创+旅游”模式，推出乡村文创主题旅游线路，将乡村文创景点、文创体验活动与乡村自然风光、民俗文化相结合，吸引游客前来体验。

产业链构建：建立从文化资源挖掘、创意设计、生产制作到销售推广的完整乡村文创产业链。高校负责创意设计和人才培养环节，乡村提供原材料和生产场地，企业或合作社负责生产制作和市场销售。同时，加强产业链各环节之间的协作与沟通，形成良好的产业生态，提高乡村文创产业的整体竞争力。

### （三）推动人才培养与交流，为乡村振兴提供智力支持

乡村人才培训：高校利用自身的教育资源优势，为乡村居民提供文创设计、市场营销、电子商务等方面的培训课程。通过线上线下相结合的教学方式，提高乡村居民的专业技能和创新能力。例如，开设乡村文创设计培训班，邀请专业设计师授课，教授乡村居民如何将本土文化元素融入文创产品设计中；开展电子商务培训，帮助乡村居民掌握网络销售技巧，拓宽文创产品的销售渠道。

校地人才交流：鼓励高校师生深入乡村开展文创实践活动，同时吸引乡村人才到高校学习交流。高校师生在乡村实践过程中，能够将理论知识与实际相结合，提升自身的实践能力；乡村人才在高校学习过程中，能够接触到先进的理念和技术，开阔视野。通过校地人才的双向流动，实现知识和技术的共享，为乡村振兴提供有力的智力支持。

## 三、校园文创在校地合作乡村振兴中的典型案例

### （一）某高校与传统手工艺村落合作案例

某高校与一个以传统陶瓷制作而闻名的村落开展校地合作。高校文创团队深入村落，对陶瓷制作工艺、文化内涵进行深入研究，挖掘出村落陶瓷文化的独特之处。团队将现代设计理念与传统陶瓷工艺相结合，设计出一系列具有时尚感和文化内涵的陶瓷文创产品，如陶瓷茶具、餐具、装饰品等。在产品制作过程中，高校师生与村落工匠密切合作，共同探索新工艺、新技术，提高产品质量和生产效率。同时，高校利用自身的网络平台和销售渠道，帮助村落推广陶瓷文创产品，通过线上直播带货、参加文创展会等方式，将产品推向全国市场。自开展合作以来，村落陶瓷文创产品的销售额大幅增长，带动了当地居民就业和经济发展，同时也使传统陶瓷工艺得到了更好的传承和发展。

### （二）某高校创意商品开发模式的延伸应用

借鉴某高校创意商品开发中心的成功经验，高校与乡村可以共同成立乡村文创开发中心。该中心整合高校的创意设计、市场营销等资源和乡村的文化、生产等资源，采用众筹等模式筹集资金，开发具有乡村特色的文创产品。在产品设计研发上，组建由高校师生、乡村文化专家、手工艺人等组成的跨学科团队，确保产品既具有创意又符合乡村文化特色。在市场推广方面，利用线上线下相结合的方式，与知名品牌合作，开展跨界营销活动，提高乡村文创产品的知名度和市场影响力。同时，通过建立用户反馈渠道、举办用户参与活动等方式，加强与消费者的互动，提升用户满意度和忠诚度。

校园文创在校地合作乡村振兴中具有广阔的发展空间和重要的社会价值。通过挖掘乡村文化资源、促进产业融合发展、推动人才培养与交流等实践路径，校园文创能够为乡村振兴注入新动力，实现文化传承、经济发展和社会进步的多方共赢局面。在未来的发展中，应进一步深化校地合作，不断创新合作模式和方法，充分发挥校园文创的优势，为乡村振兴战略的实施作出更大贡献。

# 第二节
# 文化遗产的年轻化表达

文化遗产承载着历史记忆与民族精神，是人类宝贵的财富。然而，在现代化、信息化快速发展的今天，传统的文化遗产传播方式逐渐难以吸引年轻一代的关注。年轻群体作为文化传承与创新的主力军，其对文化遗产的认知与参与度，关乎文化遗产的未来发展。校园文创凭借贴近年轻群体、充满创新活力的特质，成为文化遗产年轻化表达的重要载体。通过校园文创对文化遗产进行创新性转化与表达，能够让古老的文化遗产以崭新姿态走进年轻群体的生活，激发他们对传统文化的兴趣与热爱，实现文化遗产的活态传承与可持续发展。

## 一、文化遗产年轻化表达的必要性

### （一）适应时代发展需求

在数字技术和互联网蓬勃发展的当下，年轻一代的生活方式、信息获取习惯和审美观念发生了巨大变化。他们更倾向于通过短视频、社交媒体、网络游戏等新兴媒介获取信息，对新颖、有趣、富有创意的内容更感兴趣。传统的文化遗产展示和传播方式，如静态的博物馆展览、枯燥的文字讲解等，难以满足年轻群体的需求。校园文创以年轻化的视角和创新的形式，将文化遗产与现代科技、流行文化相结合，使其更符合时代发展趋势，从而吸引年轻群体的关注。

### （二）增强文化传承活力

年轻群体是文化传承的未来力量。如果文化遗产不能与年轻群体建立有效的连接，就可能面临文化传承断层的危机。通过校园文创对文化遗产进行年轻化表达，能够让年轻群体在参与文创产品的设计、制作、消费过程中，深入了解文化遗产的内涵和价值，激发他们主动传承文化遗产的热情。当年轻群体成为文化遗产传承的参与者和传播者时，文化遗产将获得源源不断的传承活力，实现从“静态保护”到“动态传承”的转变。

### （三）促进文化创新发展

年轻化表达为文化遗产的创新发展提供了契机。校园文创在对文化遗产进行转化时，需要结合现代设计理念和市场需求，对文化遗产元素进行重新解构和再创造。在这个过程中，新的创意和表现形式不断涌现，推动文化遗产与现代文化的融合，为文化遗产注入新的时代内涵，促进文化创新发展。

## 二、校园文创文化遗产年轻化表达的策略

### （一）创新设计理念，融入现代审美

元素提取与重构：校园文创设计团队深入挖掘文化遗产中的经典元素，如传统建筑的造型、纹饰，民间艺术的色彩、图案，历史文物的形态、工艺等，对这些元素进行提取、简化和重构。例如，将古代青铜器上的饕餮纹进行抽象化处理，转化为简洁流畅的线条图案，应用于文具、服饰等文创产品的设计中，既保留了文化遗产的韵味，又符合现代简约的审美风格。

结合流行文化与热点事件：关注当下流行文化趋势和社会热点，将文化遗产元素与流行文化、热点事件相结合，增加文创产品的吸引力和话题性。比如，在热门古装影视剧播出期间，推出以剧中同款文化遗产元素为主题的

文创产品；借助动漫、游戏等流行文化形式，开发文化遗产主题的动漫作品、游戏角色和道具等，吸引年轻群体的关注。

### （二）创新传播方式，利用新兴媒介

短视频与直播传播：利用抖音、快手、B 站等短视频和直播平台，制作有趣、生动的文化遗产主题短视频和直播内容。例如，通过短视频展示校园文创产品的设计过程、文化内涵解读，以生动有趣的语言和画面吸引观众；开展文化遗产主题直播活动，邀请专家学者、文创设计师与观众互动交流，介绍文化遗产知识和文创产品背后的故事，增强观众的参与感和体验感。

虚拟现实（VR）与增强现实（AR）技术应用：运用 VR 和 AR 技术，为年轻群体带来沉浸式的文化遗产体验。开发文化遗产主题的 VR 体验项目，让用户仿佛置身于古代场景中，亲身感受文化遗产的魅力；利用 AR 技术，在文创产品上实现互动功能，如扫描文创产品上的图案，即可呈现相关文化遗产的 3D 模型、历史背景介绍等内容，增加产品的趣味性和科技感。

### （三）创新营销模式，注重用户体验

社群营销与粉丝经济：建立文化遗产主题的校园文创社群，通过社交媒体、论坛等平台吸引年轻粉丝加入。在社群内定期分享文创产品信息、文化遗产知识，组织线上线下活动，增强粉丝的黏性和归属感。例如，举办文创产品设计大赛、文化遗产知识竞赛等活动，鼓励粉丝参与创作和互动，培养忠实粉丝群体，形成粉丝经济效应。

跨界合作与联名营销：与知名品牌、IP、明星等开展跨界合作，进行联名营销。通过与具有广泛年轻受众基础的品牌或 IP 合作，推出联名款校园文创产品，借助合作伙伴的影响力扩大文化遗产文创产品的市场覆盖面。例如，与知名运动品牌合作推出文化遗产主题的运动服饰，与热门动漫 IP 合作开发联名文创产品等，吸引不同领域的年轻消费者关注文化遗产。

## 三、校园文创文化遗产年轻化表达的典型案例

### （一）故宫文创与校园合作案例

故宫博物院与多所高校开展合作，推出一系列年轻化的文创产品。在设计上，将故宫的建筑、文物、宫廷文化等元素与现代时尚潮流相结合，开发出如故宫猫系列、千里江山图系列等深受年轻群体喜爱的文创产品。在传播方面，利用社交媒体平台进行推广，制作精美的短视频和图文内容，讲述文创产品背后的故事，引发年轻用户的关注和讨论。通过与高校社团合作举办文创设计比赛，吸引大量学生参与，激发学生对故宫文化的兴趣和创作热情，实现了故宫文化遗产的年轻化表达与传承。

### （二）大英博物馆与校园文创合作案例

大英博物馆与英国多所高校合作，推出以馆藏文化遗产为主题的校园文创项目。例如，将博物馆中的古埃及文物、古希腊雕塑等元素进行创新设计，开发出时尚的文具、饰品、家居用品等文创产品。在营销上，采用线上线下相结合的方式，通过举办校园文创展览、快闪店等活动，让年轻学生近距离接触和体验文创产品；利用社交媒体进行线上推广，发起互动话题，吸引年轻用户参与分享和传播。同时，借助虚拟现实技术开发线上展览和互动体验项目，让年轻群体能够以全新的方式感受大英博物馆的文化遗产魅力。

校园文创在文化遗产的年轻化表达中具有独特优势和重要作用。通过创新设计理念、传播方式和营销模式，能够让文化遗产以更贴近年轻群体的形式呈现，激发年轻群体对文化遗产的兴趣和热爱，促进文化遗产的传承与创新发展。在未来的发展中，应进一步加强校园文创与文化遗产保护的深度融合，不断探索创新，为文化遗产的年轻化表达开辟更多新途径，让文化遗产在新时代焕发出更加璀璨的光彩。

# 第三节
# 校园文创的社会创新实验

在文化创意产业蓬勃发展以及社会创新需求日益增长的背景下，校园文创不再局限于单纯的文化产品开发与商业盈利，而是逐渐成为推动社会创新的重要力量。校园文创凭借高校丰富的人才资源、创新思维以及对文化的敏锐感知，通过与社会各领域的融合，开展了一系列具有创新性和探索性的实践活动。这些社会创新实验不仅为校园文创注入了新的活力，也为解决社会问题、促进社会发展提供了新的思路和方法。

## 一、校园文创在教育创新中的实验

### （一）文创课程开发

高校将校园文创融入课程体系，开发文创设计、文化创意产业管理等相关课程。在课程设置上，打破传统学科界限，实现多学科交叉融合。例如，将艺术设计、市场营销、文化学等学科知识整合到文创课程中，让学生在学习过程中全面掌握文创产品从设计构思、生产制作到市场推广的全流程知识。在教学方法上，采用项目式学习、实践教学等方式，鼓励学生参与实际文创项目。如开展“校园文化遗产文创设计”项目，学生分组对校园内的历史建筑、文化典故等进行深入研究，然后将其转化为文创产品设计方案，在实践中提升学生的创新能力和综合素养。

### （二）跨校文创合作项目

不同高校之间开展文创合作项目，整合各方资源和优势。通过联合举办文创设计大赛、共建文创实验室等方式，促进高校间的交流与合作。例如，多所高校联合发起“区域文化校园文创设计大赛”，以当地特色文化为主题，鼓励学生发挥创意进行文创产品设计。参赛学生可以通过线上线下交流平台，分享创意、互相学习，打破学校之间的壁垒，实现知识和创意的共享。这种跨校合作项目不仅培养了学生的团队协作能力和创新思维，还推动了区域文化的传播与发展。

## 二、校园文创在社区共建中的实验

### （一）社区文创空间打造

高校与社区合作，在社区内打造文创空间。这些文创空间集文创产品展示、制作体验、文化交流等功能于一体。例如，高校提供设计方案和专业指导，社区提供场地和人力支持，共同建设“社区文创工坊”。该工坊内设置文创产品展示区，展示高校师生创作的具有社区文化特色的文创产品；开设手工制作区，邀请社区居民参与文创产品的制作过程，如传统手工艺制作、文创饰品 DIY 等，让居民在实践中感受文创的魅力。此外，文创空间还定期举办文化讲座、艺术沙龙等活动，促进高校师生与社区居民之间的文化交流与互动。

### （二）社区文化品牌塑造

校园文创团队深入挖掘社区文化特色，帮助社区塑造文化品牌。通过对社区的历史、民俗、建筑等文化元素进行梳理和提炼，设计具有社区辨识度的文创产品和品牌形象。例如，为某历史文化街区设计专属的文创品牌，从街区的古老建筑风格中提取元素，设计出系列文创产品，包括明信片、书签、手工艺品等，并统一使用具有街区特色的品牌标识。同时，利用校园文创的传播渠道，如社交媒体、校园活动等，对社区文化品牌进行宣传推广，提升社区的知名度和文化影响力，吸引更多游客和消费者，带动社区经济发展。

## 三、校园文创在公益实践中的实验

### （一）文创公益项目

高校发起以文创为核心的公益项目，将文创产品的销售收益用于公益事业。例如，针对偏远地区儿童教育问题，推出“文创助学”项目。文创团队设计制作以教育、梦想为主题的文创产品，如笔记本、文具套装等，通过线上线下渠道进行销售，所得收益用于为偏远地区儿童购买学习用品、建设图书馆等。在项目实施过程中，还邀请受助儿童参与文创产品的设计构思，让他们发挥想象力，将自己的梦想和对美好生活的向往融入到文创产品中，既实现了公益帮扶，又激发了儿童的创造力。

### （二）文化遗产保护公益行动

校园文创与文化遗产保护相结合，开展公益行动。通过设计文化遗产主题的文创产品，举办文化遗产保护宣传活动等方式，提高公众对文化遗产保护的意识。例如，某高校文创团队针对当地濒危的传统手工艺，开展“非遗传承，文创助力”公益行动。团队深入调研传统手工艺的制作工艺和文化内涵，设计出一系列具有现代风格的非遗文创产品，并通过众筹平台进行推广销售。同时，组织非遗传承人进校园、进社区，举办手工艺讲座和体验活动，让更多人了解和参与到文化遗产保护中来。

## 四、校园文创社会创新实验的典型案例

### （一）清华大学 x-lab 文创社会创新项目

清华大学 x-lab 作为创意创新创业教育平台，开展了众多文创社会创新项

目。其中“传统村落文化复兴”项目，团队成员深入传统村落，挖掘当地的文化资源，设计出具有村落特色的文创产品和旅游体验项目。通过文创产品的销售和旅游项目的运营，不仅为村落带来了经济收入，还吸引了更多年轻人回到村落参与建设，促进了传统村落的文化传承和经济发展。该项目还通过举办乡村文化节、文创设计工作坊等活动，提高了公众对传统村落保护的关注，实现了社会价值与文化价值的双重提升。

### （二）英国剑桥大学社区文创共建案例

剑桥大学与当地社区合作，打造了一系列社区文创项目。在剑桥市中心，大学与社区共同建设文创集市，每周定期开放。集市上，学生和当地居民可以展示和销售自己设计制作的文创产品，其涵盖手工艺品、艺术画作、创意家居用品等。此外，大学还为社区居民提供文创设计培训课程，提升居民的文创创作能力。通过这些项目，加强了大学与社区之间的联系，促进了文化交流和社区经济发展，同时也为学生提供了实践和创新的平台。

校园文创的社会创新实验在教育创新、社区共建、公益实践等领域取得了显著成效，展现了出强大的社会价值和发展潜力。通过创新的模式和实践，校园文创不仅推动了文化的传承与创新，还为解决社会问题、促进社会和谐发展提供了新途径。在未来，应进一步鼓励和支持校园文创开展社会创新实验，加强高校与社会各界的合作，整合资源，不断探索新的创新模式和应用场景，让校园文创在社会创新中发挥更大的作用，为社会发展注入更多活力。

# 第十章

# 校园文创未来发展趋势展望

校园文创的社会价值延伸体现在多维度的实践探索中：在乡村振兴领域，通过与乡村校地合作挖掘文化资源、开发特色文创产品，推动乡村文化传承与产业升级，同时培养乡村人才，促进经济与社会的协同发展；在文化遗产保护方面，通过创新设计、现代媒介（如短视频、VR/AR）及跨界营销，将文化遗产转化为年轻群体喜爱的文创产品，实现文化遗产的活态传承与创新发展；在社会创新层面，校园文创深度融入教育、社区共建与公益实践，通过文创课程、跨校合作、社区文创空间打造及公益项目（如助学、非遗保护），解决社会问题并促进社会和谐。三者共同彰显校园文创在文化传承、经济赋能、社会创新中的综合价值，为社会可持续发展注入新活力。

# 第一节
# 元宇宙时代的数字文创

元宇宙作为整合多种新技术而产生的新型虚实相融的互联网应用和社会形态，正深刻改变着人们的生活、娱乐与消费方式。在文化创意领域，元宇宙为校园文创产品带来了前所未有的发展机遇与挑战。校园文创产品承载着学校的历史底蕴、精神内涵与文化特色，通过与元宇宙技术的融合，能够突破传统实体产品的限制，以数字文创的形式在虚拟空间中实现更广泛的传播、更丰富的互动体验以及更具创新性的价值创造，为校园文化的传承与发展注入新的活力。

## 一、元宇宙时代校园文创产品数字文创的意义

### （一）拓展文化传播边界

传统校园文创产品受限于实体形态，传播范围和受众群体相对有限。而在元宇宙时代，基于区块链、虚拟现实等技术的数字文创产品可以打破地域和时间的限制，通过互联网在全球范围内迅速传播。无论是身处世界哪个角落的校友、学生还是文化爱好者，都能通过数字设备进入元宇宙空间，欣赏、购买和体验校园数字文创产品，极大地拓展了校园文化的传播边界，提升了校园文化的全球影响力。

### （二）创新用户体验形式

元宇宙的沉浸式、交互性特点为校园文创产品带来了全新的用户体验形式。用户不再仅仅是被动的消费者，而是可以通过虚拟现实设备、智能终端等，以第一人称视角深度参与到校园文化场景中。例如，在元宇宙校园空间中，用户可以漫步于虚拟的校园景观，与数字形态的校园标志性建筑互动，甚至参与虚拟的校园文化活动，这种身临其境的体验能够让用户更深刻地感受校园文化的魅力，增强其对校园文化的认同感与归属感。

### （三）创造新的经济价值

元宇宙时代的数字文创产品依托区块链技术实现了数字资产确权和交易，为校园文创产业创造了新的经济价值增长点。数字藏品、虚拟服装、虚拟场景道具等校园数字文创产品可以作为独特的数字资产在元宇宙市场中进行交易和流通。用户不仅可以购买、收藏这些数字文创产品，还能通过二次创作、转售等方式实现资产增值。同时，元宇宙空间中的虚拟展览、虚拟活动等也为校园文创产业带来了新的盈利模式，如门票收入、广告赞助等。

## 二、元宇宙时代校园文创产品数字文创的发展路径

### （一）虚拟文创产品开发

数字藏品创作：以校园文化元素为核心，创作具有收藏价值的数字藏品。例如，将校园历史文物、珍贵手稿、标志性建筑等进行数字化建模，转化为限量版数字藏品并在元宇宙平台发售。这些数字藏品不仅具有艺术欣赏价值，还附带独特的文化故事和背景介绍，用户购买后可以在个人虚拟空间中展示，也可在合规的数字藏品交易平台进行转让。

虚拟服饰与配饰设计：结合校园文化特色和时尚潮流，设计虚拟服饰和配饰。如以学校校服为灵感来源，设计具有未来感和个性化的虚拟校服；将校园标志性图案、校徽等元素融入虚拟帽子、眼镜、首饰等配饰中。用户可

以为自己的虚拟形象穿戴这些虚拟服饰和配饰，在元宇宙社交场景中展示独特的校园文化风格。

虚拟场景道具制作：开发与校园文化相关的虚拟场景道具，用于构建元宇宙校园空间或虚拟活动场景。例如，制作虚拟的校园运动会奖杯、学术研讨会奖牌、毕业典礼证书等道具，用户在参与元宇宙校园活动时可以获得这些道具作为奖励，增强活动的趣味性和仪式感。

### （二）沉浸式文化体验构建

虚拟校园空间打造：利用三维建模、虚拟现实等技术，在元宇宙中还原真实校园场景，包括教学楼、图书馆、操场、宿舍等建筑，以及校园内的花草树木、湖泊景观等。用户可以通过虚拟角色在虚拟校园中自由漫步、参观，感受校园的学习和生活氛围。同时，还可以在虚拟校园中设置互动节点，如点击某个建筑可以查看其历史介绍、相关人物故事等，增强用户对校园文化的了解。

虚拟文化活动举办：在元宇宙空间中举办各类校园文化活动，如虚拟校庆晚会、学术讲座、艺术展览等。通过虚拟现实技术，为用户带来身临其境的活动体验。例如，在虚拟校庆晚会上，用户可以与虚拟的校友、师生一起观看演出、参与互动游戏；在虚拟学术讲座中，用户可以实时与专家进行交流提问。此外，还可以利用增强现实技术，将虚拟文化活动与现实场景相结合，如在校园实体建筑中通过手机扫描触发虚拟文化展示内容，实现虚实融合的文化体验。

### （三）社交互动模式创新

元宇宙社交平台搭建：基于元宇宙技术搭建校园文创专属社交平台，用户可以创建自己的虚拟形象，在平台上与其他用户进行交流、互动和社交。平台设置不同的社交场景，如校园文化主题的咖啡厅、社团活动室等，用户可以在这些场景中分享自己对校园文创产品的收藏、使用体验，交流校园文化感悟。同时，平台还可以推出社交任务和挑战活动，鼓励用户之间的互动与合作，如共同完成校园文化知识问答、合作设计虚拟文创产品等。

用户共创生态建设：鼓励用户参与校园数字文创产品的创作和设计，构建用户共创生态。平台提供简单易用的创作工具，用户可以上传自己的创意作品，如虚拟绘画、音乐、剧本等，经过审核后融入到校园元宇宙场景或数字文创产品中。对于优秀的用户创作作品，给予奖励和展示机会，如在元宇宙虚拟展厅中展示、颁发荣誉证书等。通过用户共创，不仅能够激发用户的创造力和参与热情，还能丰富校园数字文创产品的内容和形式。

## 三、元宇宙时代校园文创产品数字文创的典型案例

### （一）哈佛大学元宇宙数字文创项目

哈佛大学在元宇宙领域积极探索，推出了一系列数字文创项目。其中，哈佛元宇宙虚拟校园通过高精度的三维建模，逼真还原了哈佛校园的建筑、景观和学习生活场景。在虚拟校园中，用户可以参观哈佛图书馆的虚拟藏书区，浏览珍贵的数字图书和手稿；参加虚拟的学术研讨会，与全球的学者和学生进行交流。此外，哈佛大学还发行了一系列数字藏品，如哈佛历史名人的数字画像、标志性建筑的 3D 模型数字藏品等，这些数字藏品在元宇宙市场上受到广泛关注和收藏，有效传播了哈佛的校园文化和学术精神。

### （二）国内高校元宇宙文创探索

国内部分高校也开始尝试元宇宙时代的数字文创发展。例如，某高校推出了校园文化主题的元宇宙社交平台，学生和校友可以在平台上创建个性化虚拟形象，参与校园文化相关的社交活动。平台设置了“校园记忆”虚拟展厅，展示了该校不同历史时期的老照片、校史文物的数字复制品等，用户可以在展厅中自由参观、留言分享自己的校园回忆。同时，该校还举办了元宇宙校园文创设计大赛，鼓励学生发挥创意，设计虚拟文创产品，优秀作品被应用到元宇宙校园场景中，形成了良好的用户共创氛围。

元宇宙时代为校园文创产品的数字文创发展带来了广阔的前景和无限的

可能。通过虚拟文创产品开发、沉浸式文化体验构建和社交互动模式创新等发展路径，校园文创产品能够以全新的形式在元宇宙空间中实现文化传播、用户体验提升和经济价值创造。尽管目前校园文创在元宇宙领域的发展仍面临技术、安全、规范等方面的挑战，但随着技术的不断进步和市场的逐步成熟，元宇宙时代的校园数字文创必将成为校园文化传承与创新发展的重要力量，为高校文化建设和文化创意产业发展注入新的活力。

## 第二节
## AI 辅助设计的技术应用

在文化创意产业快速发展与人工智能技术不断突破的背景下，校园文创产品设计迎来了新的变革机遇。AI 技术凭借强大的数据处理、学习和生成能力，深度融入校园文创产品设计的各个环节。从快速生成设计素材到挖掘创意灵感，从实现个性化定制到助力设计教育，AI 辅助设计技术正重塑校园文创产品的设计模式，推动校园文创产业向智能化、高效化方向迈进。

### 一、AI 辅助设计优化校园文创产品设计流程

#### （一）智能图像与模型生成

在校园文创产品设计前期，素材搜集与模型构建往往耗时耗力。AI 图像生成技术，如 Stable Diffusion、Midjourney 等，能够依据设计师输入的文字描

述，快速生成对应的图像。以设计一款校园风景主题的明信片为例，设计师只需输入“××大学校门、春日樱花盛开、暖色调”等关键词，AI便可在短时间内输出多张不同风格的校门樱花图像，为设计师提供丰富的视觉参考。在三维建模方面，AI技术也崭露头角，如Autodesk的DreamCatcher工具，可根据简单的草图或文字描述，自动生成三维模型框架，设计师在此基础上进行细节完善，大大缩短了建模时间。例如，构建校园标志性建筑的三维模型用于虚拟文创产品，AI能快速搭建基础结构，减少设计师手动建模的工作量。

### （二）自动化设计审核与优化

AI具备强大的图像识别和数据分析能力，可在设计过程中自动检测潜在问题。在色彩搭配方面，AI能依据色彩理论和流行趋势，分析设计方案中色彩组合的协调性，当出现对比度不足或色彩冲突时，及时给出优化建议。同时，在图形设计上，AI可检查图案的完整性、清晰度以及是否存在侵权风险。例如，利用AI图像识别技术扫描设计图案，与庞大的版权数据库进行比对，避免因使用未经授权的元素而引发版权纠纷。此外，AI还能根据产品的实际生产需求，对设计进行工艺优化，如调整图形复杂度以适配印刷工艺，确保设计方案在实际生产中具有可行性。

## 二、AI辅助设计激发校园文创产品创意灵感

### （一）基于大数据的创意挖掘

AI通过深度学习大量的文创产品设计案例、艺术作品以及流行文化元素，能够分析出不同风格、不同主题的设计趋势。例如，分析近年来热门校园文创产品的设计特点，发现国潮风格、复古元素备受欢迎，AI便可结合校园自身文化特色，如历史建筑风格、传统校徽图案等，为设计师提供将国潮、复古与校园文化融合的创意方向。此外，AI还能挖掘校园文化中不被大众熟知但极具特色的元素，如校园内古老传说、独特的学术传统等符号，将其转化为文创产品设计的灵感来源，为校园文创产品赋予独特的文化内涵。

### （二）跨风格与跨文化创意融合

AI不受人类思维定式的限制，能够实现不同设计风格、文化元素之间的跨界融合。在校园文创产品设计中，AI可以将校园所在地区的民俗文化与现代极简设计风格相结合，或者把国际流行的卡通形象设计手法与校园历史人物形象相融合。例如，某高校文创团队利用AI将本地剪纸艺术的图案与现代扁平化设计风格相结合，设计出的校园主题书签，既有传统艺术的韵味，又符合现代审美，受到师生和游客的喜爱。这种跨风格、跨文化的创意融合，使校园文创产品在众多竞品中脱颖而出，吸引更广泛的消费群体。

## 三、AI辅助设计实现校园文创产品个性化定制

### （一）用户需求精准分析

AI通过多维度数据收集和分析，精准把握用户个性化需求。在校园文创电商平台上，AI可以分析用户的浏览历史，了解用户对不同类型校园文创产品的关注程度；通过购买历史数据，掌握用户的消费偏好；借助社交媒体数据，洞察用户的兴趣爱好。例如，若用户经常浏览校园体育赛事相关内容，且购买过运动主题的文创产品，AI便可判断该用户对校园体育文化感兴趣，在其定制文创产品时，优先推荐带有校园体育元素，如校队队徽、热门运动项目图案的设计方案，并根据用户过往购买产品的色彩偏好，提供适配的配色建议。

### （二）个性化设计方案生成

基于对用户需求的分析，AI能够快速生成个性化的校园文创产品设计方案。用户只需在定制平台上简单选择产品类型、输入个性化需求关键词，AI即可在短时间内生成多个不同风格的设计方案。例如，用户想要定制一款带有自己名字和入学年份的校园纪念笔记本，AI会生成包含不同字体设计、排版方式、背景图案（如校园不同季节的风景、标志性建筑）的笔记本设计图

供用户选择。用户选定方案后，AI 还能根据用户进一步的修改意见，实时调整设计，直至满足用户需求，实现真正意义上的个性化定制。

## 四、AI 辅助设计在校园文创设计教育中的应用

### （一）教学资源智能化开发

在校园文创设计教学中，AI 可辅助教师开发丰富多样的教学资源。利用 AI 生成图像、动画的能力，制作生动形象的教学课件，将抽象的设计理论知识转化为直观的视觉内容。例如，讲解色彩搭配理论时，AI 生成不同色彩搭配效果的校园文创产品示例，让学生更清晰地理解色彩对设计的影响。此外，AI 还能根据教学大纲和学生学习进度，智能生成练习题和测试题，如设计创意构思题、图案优化题等，帮助学生巩固所学知识。

### （二）学生创意实践指导

AI 可为学生的文创设计实践提供实时指导。学生在进行设计创作时，AI 可分析学生的设计初稿，从创意独特性、设计规范性、市场可行性等方面给出反馈和建议。例如，学生设计一款校园文化主题的手机支架，AI 发现其创意较为普通，便推荐参考近期流行的可折叠、多功能设计趋势，并结合校园文化元素提出改进方向。同时，AI 还能为学生提供设计资源推荐，如相关的设计素材库、优秀案例参考，拓展学生的设计视野，提升学生的创意实践能力。

## 五、校园文创产品 AI 辅助设计的典型案例

### （一）清华大学文创 AI 设计实践

清华大学在校园文创产品设计中积极应用 AI 技术。在设计校园百年校庆纪念徽章时，设计师利用 AI 图像生成工具，输入“清华百年校庆、融合二校

门、荷塘月色元素、庄重典雅风格”等指令，AI 生成了数百个设计草图。设计师从中筛选出具有潜力的方案进行优化，最终设计出的纪念徽章既展现了清华深厚的历史底蕴，又具有新颖的设计感，深受师生和校友喜爱。此外，在校园文创产品个性化定制平台上，AI 根据用户输入的个人信息和需求，为用户快速生成专属的文创产品设计方案，实现了大规模个性化定制服务。

### （二）某艺术院校文创设计教学应用

某艺术院校在校园文创设计课程中引入 AI 辅助教学系统。学生在进行课程作业时，可使用 AI 工具进行创意构思和设计制作。例如，在设计校园文化主题的文创周边产品作业中，学生通过 AI 生成多个创意方案，再结合自身设计理念进行修改完善。AI 系统还会对学生的设计作品进行智能评分和点评，指出作品的优点和不足，并提供改进建议。通过 AI 辅助教学，学生的设计效率和创意水平显著提高，同时也加深对 AI 设计工具的了解。

AI 辅助设计技术在校园文创产品领域的应用，从设计流程优化、创意激发、个性化定制到设计教育，全方位推动了校园文创产业的发展。它不仅提高了设计效率与质量，满足了市场多元化需求，还为校园文创设计教育带来了新的教学模式和方法。然而，在应用过程中，也面临着数据安全、版权保护、AI 伦理等问题。未来，随着 AI 技术的不断发展和完善，以及相关法律法规和行业规范的健全，AI 辅助设计将在校园文创产品领域发挥更大的作用，助力校园文创产业实现创新与可持续发展。

# 第三节
# 可持续文创的发展方向

随着全球对可持续发展的关注度不断提高，各行各业都在积极探索绿色、环保、可持续的发展模式。校园文创产品作为校园文化传播的重要载体和文化创意产业的组成部分，也面临着转型升级的需求。发展可持续文创，不仅有助于减少校园文创产品生产和消费过程中的资源消耗与环境污染，还能通过融入可持续理念，赋予产品更深层次的文化内涵，提升校园文创产业的社会责任感和市场竞争力，实现经济效益与社会效益的双赢。

## 一、校园文创产品可持续文创发展的现状与挑战

### （一）现状分析

目前，部分高校已开始关注校园文创产品的可持续发展，在产品设计和生产中尝试引入环保材料和可持续设计理念。例如，一些高校推出的笔记本采用再生纸张制作，文创饰品使用可回收金属和天然宝石。然而，从整体来看，校园文创产品在可持续发展方面仍处于起步阶段，大多数产品在材料选择、生产工艺、包装设计等环节，尚未充分考虑可持续性因素，资源浪费和环境污染问题依然存在。

### （二）面临挑战

观念意识不足：无论是校园文创产品的开发者、生产者，还是消费者，对可持续文创产品的认知和重视程度不够。部分开发者和生产者更注重产品的外观和成本，忽视可持续发展理念的融入；消费者在购买文创产品时，也较少将产品的可持续性作为重要的购买决策因素。

技术与成本限制：环保材料和可持续生产技术的研发与应用成本较高，对于资金相对有限的校园文创项目来说，采用这些技术和材料会增加产品成本，降低产品的价格竞争力。同时，目前适用于校园文创产品的可持续技术和材料种类相对有限，在性能和应用范围上存在一定局限性。

缺乏行业标准与规范：校园文创产品领域缺乏统一的可持续发展标准和规范，导致产品在可持续性评价方面缺乏明确的依据，难以对校园文创产品的可持续发展水平进行准确衡量和监督。

## 二、校园文创产品可持续文创的发展方向

### （一）环保材料的广泛应用

生物基材料使用：大力推广生物基材料在校园文创产品中的应用。生物基材料以可再生资源为原料，具有可降解、低碳排放等特点。例如，采用玉米淀粉基塑料制作文创产品的外壳、包装等部件，在产品废弃后能够自然降解，减少白色污染；使用天然植物纤维，如竹纤维、麻纤维等制作文具、服饰类文创产品，这些材料不仅环保，还具有独特的质感和天然的纹理。

回收材料再利用：提高回收材料在校园文创产品中的占比。将回收的纸张加工成再生纸，用于制作笔记本、明信片等纸质文创产品；回收金属、塑料等材料，经过处理后重新加工制作成文创饰品、文具配件等。例如，某高校将校园内回收的废旧书籍纸张重新打碎、漂白、压制，制作成具有校园特色图案的再生纸笔记本，既实现了资源的再利用，又赋予了产品独特的校园文化意义。

### （二）循环设计理念的融入

模块化与可拆卸设计：在校园文创产品设计中，采用模块化和可拆卸设计理念。例如，设计可拆卸组装的文创家具，用户可以根据自己的需求和空间布局，自由组合家具的部件；对于文创电子产品，如带有校园标志的充电宝、蓝牙音箱等，采用模块化设计，当某个部件损坏时，方便用户更换部件，延长产品使用寿命，减少产品整体废弃带来的资源浪费。

产品生命周期延长设计：从产品设计阶段就考虑如何延长产品的生命周期。例如，设计可重复使用的文创包装，将原本一次性的包装设计成具有收纳、装饰等功能的容器，用户在购买产品后，包装可以继续发挥其他用途；开发可更新内容的文创产品，如带有校园文化主题的电子相框，用户可以通过网络下载不同的校园照片和视频，不断更新相框内容，使产品长期保持新鲜感。

### （三）绿色生产模式的构建

清洁生产技术应用：在校园文创产品生产过程中，应用清洁生产技术，减少能源消耗和污染物排放。例如，采用环保印刷技术，如水性油墨印刷，相比传统的溶剂型油墨印刷，能够降低挥发性有机化合物（VOCs）的排放；在产品加工过程中，使用节能设备和工艺，提高能源利用效率。

本地生产与供应链优化：优先选择本地的生产厂家和供应商，缩短原材料运输和产品配送距离，减少运输过程中的能源消耗和碳排放。同时，优化供应链管理，减少中间环节，提高生产效率，降低生产过程中的资源浪费。例如，某高校与当地的手工艺品作坊合作，生产具有校园特色的手工文创产品，既支持了本地产业发展，又实现了绿色生产。

### （四）可持续消费引导与教育

消费者教育与宣传：通过校园媒体、文创产品销售平台等渠道，加强对消费者的可持续消费教育和宣传。向消费者普及可持续文创产品的概念、优势和意义，提高消费者对可持续文创产品的认知度和认同感。例如，在校园文创产品店铺内设置宣传展板，介绍产品所采用的环保材料和可持续设计理念；在产品包装上标注产品的可持续信息，如材料来源、可回收性等，引导消费者做出可持续的购买决策。

建立可持续消费激励机制：建立可持续消费激励机制，鼓励消费者购买可持续文创产品。例如，推出积分奖励制度，消费者每购买一件可持续文创产品，即可获得一定积分，积分可用于兑换其他文创产品或享受购物优惠；举办可持续文创产品主题活动，如以旧换新活动，消费者可以用旧的文创产品换取购买新的可持续文创产品的折扣。

### （五）产品全生命周期管理

从设计到回收的全程把控：对校园文创产品进行全生命周期管理，从产品的设计、生产、销售、使用到回收的各个环节，都纳入可持续发展的考量范围。在设计阶段，注重产品的可持续性设计；在生产阶段，采用绿色生产技术和环保材料；在销售阶段，加强可持续消费引导；在使用阶段，提供产品维护和保养指导，延长产品使用寿命；在回收阶段，建立完善的回收体系，对废弃产品进行合理回收和再利用。

建立追溯与评价体系：建立校园文创产品的追溯与评价体系，通过区块链等技术，实现产品从原材料采购、生产加工到销售使用的全程信息可追溯，确保产品的可持续性。同时，制定科学合理的可持续评价指标，对校园文创产品的可持续发展水平进行定期评估，根据评估结果不断改进产品和生产流程。

## 三、校园文创产品可持续文创发展的典型案例

### （一）国外高校可持续文创案例

某国外知名高校推出的校园文创产品，在可持续发展方面取得了显著成效。其笔记本采用100%再生纸张制作，并且通过了森林管理委员会（FSC）

认证，确保纸张来源的可持续性；文创服饰采用有机棉和再生聚酯纤维制作，减少对环境的影响。在产品包装上，使用可降解的玉米淀粉基塑料袋和可回收的纸质包装盒，并且包装设计简洁，避免过度包装。此外，该高校还制订了文创产品回收计划，鼓励师生将废弃的文创产品进行回收，统一处理和再利用。

### （二）国内高校可持续文创探索

国内某高校结合当地特色，开发了一系列具有可持续理念的校园文创产品。以竹制文创产品为例，利用当地丰富的竹子资源，制作竹制书签、竹制文具收纳盒等文创产品。竹子生长周期短，是一种可再生资源，且竹制产品具有天然的质感和环保特性。在生产过程中，采用传统的手工制作工艺，减少机器生产带来的能源消耗和环境污染，同时也传承了当地的传统手工艺文化。此外，该高校还开展了文创产品设计大赛，鼓励学生将可持续设计理念融入作品中，推动校园文创产品的可持续发展。

校园文创产品的可持续发展是未来校园文创产业的重要发展方向。通过广泛应用环保材料、融入循环设计理念、构建绿色生产模式、引导可持续消费以及实施产品全生命周期管理等措施，能够有效降低校园文创产品对环境的影响，提升产品的文化内涵和市场竞争力。虽然目前校园文创产品在可持续发展过程中面临着观念意识、技术成本、行业标准等方面的挑战，但随着社会对可持续发展的重视程度不断提高，以及相关技术和政策的不断完善，校园文创产品必将在可持续发展的道路上取得更大的突破，为校园文化传播和社会可持续发展作出更大贡献。

# 第四节
# 全球化视野下的文化传播

在全球化浪潮席卷之下，文化作为国家综合实力的重要组成部分，其输出与传播对于增强国家文化软实力、提升国际影响力至关重要。校园文创产品承载着一所高校独特的历史文化、精神内涵与学术特色，是校园文化的具象化体现。在全球化视野下，校园文创产品不仅是具有经济价值的商品，更成为了文化传播的重要载体。通过校园文创产品的推广与传播，能够将高校所蕴含的文化理念、价值观念传递到世界各地，促进不同文化之间的交流与融合，同时也为高校提升国际知名度、增强国际竞争力创造机遇。

## 一、校园文创产品全球化视野下文化传播的重要意义

### （一）传播本土文化，增强文化认同感

每所高校都根植于特定的地域文化与历史背景之中，校园文创产品将这些独特的文化元素进行提炼与创新，以新颖的形式展现出来。当这些文创产品走向全球，能够让世界各国的人们更直观地了解产品背后所蕴含的本土文化，如中国高校文创产品中的传统书法、绘画、建筑等元素，能够向世界展示中国传统文化的魅力；通过这种文化传播，不仅有助于增强本国人民对本土文化的认同感与自豪感，也能促进不同国家和地区之间的文化理解与尊重。

### （二）促进国际文化交流与合作

校园文创产品作为文化交流的媒介，能够打破语言和地域的限制，搭建起不同国家高校之间、高校与社会之间的文化交流桥梁。在国际文化交流活动中，校园文创产品常常作为文化礼品进行赠送，成为传递友谊与文化的使者。同时，不同国家高校之间还可以通过合作开发文创产品，实现文化资源共享与优势互补，促进国际文化交流与合作的深入开展。例如，中外高校联合举办文创设计大赛，鼓励学生以双方校园文化为主题进行创作，在创作过程中，学生们相互学习、交流，增进了对不同文化的了解。

### （三）提升高校国际影响力

具有特色的校园文创产品在全球范围内的传播，能够吸引更多国际目光关注高校。当国外人士通过购买、使用校园文创产品时，会对产品背后的高校产生兴趣，进而关注高校的学术研究、教育理念等方面。良好的校园文创产品品牌形象有助于提升高校在国际教育市场中的知名度和美誉度，吸引更多国际学生、学者前来交流学习，促进高校国际化发展进程，提升高校的国际影响力。

## 二、校园文创产品全球化视野下文化传播面临的挑战

### （一）文化差异带来的认知障碍

不同国家和地区有着截然不同的文化背景、价值观念、审美标准和消费习惯，这些文化差异使得校园文创产品在文化传播过程中面临认知障碍。例如，某些在本国文化中具有特殊寓意的图案、符号，在其他文化中可能并无相同含义，甚至会引起误解；不同国家对色彩的喜好和禁忌也有所不同，这些都可能影响校园文创产品在国际市场上的接受度。如果在文创产品设计和推广过程中，未能充分考虑这些文化差异，很容易导致产品无法准确传达文化内涵，甚至引起文化冲突。

### （二）品牌竞争力不足

与国际知名文化品牌相比，目前大多数校园文创产品的品牌知名度较低，品牌影响力有限。在国际市场上，消费者更倾向于选择具有较高品牌信誉和市场认可度的产品。校园文创产品普遍存在品牌定位不清晰、品牌形象塑造不够鲜明、品牌营销推广力度不足等问题，难以在激烈的国际市场竞争中脱颖而出，限制了其文化传播的效果。

### （三）传播渠道与营销模式单一

校园文创产品的文化传播依赖于有效的传播渠道和营销模式。然而，当前许多高校在文创产品的推广过程中，主要依赖传统的线下销售渠道，如校园书店、纪念品店等，线上销售渠道和国际营销渠道拓展不足。在营销模式上，缺乏创新，主要以产品展示和简单的广告宣传为主，未能充分利用社交媒体、跨境电商平台等新兴渠道和数字化营销手段，难以吸引国际消费者的关注。

## 三、校园文创产品全球化视野下文化输出的策略

### （一）创新产品设计，融合多元文化元素

挖掘本土文化精髓：在校园文创产品设计中，深入挖掘高校所在地域的本土文化精髓，以及高校自身独特的历史文化、学术传统等元素。例如，中国高校可以将传统的儒家文化、道家思想、古典诗词等融入文创产品设计中；具有百年历史的高校可以将校史中的重要事件、杰出校友故事等转化为文创产品的设计灵感。通过对本土文化的深度挖掘，赋予文创产品深厚的文化内涵。

融入国际流行元素与设计理念：为了使校园文创产品更好地适应国际市场需求，在保留本土文化特色的基础上，融入国际流行元素和现代设计理念。借鉴国际时尚潮流的色彩搭配、造型设计，采用简洁、直观的视觉语言，使

文创产品在具有文化特色的同时，符合国际审美标准。例如，将校园标志性建筑以极简主义风格进行设计，制作成时尚的手机壳、钥匙扣等文创产品，既能展现校园文化特色，又能吸引国际消费者。

注重文化适应性设计：在产品设计过程中，充分考虑不同国家和地区的文化差异，进行文化适应性设计。对产品中的文化元素进行适当调整和解读，避免因文化误解而影响产品的接受度。例如，对于具有特殊文化寓意的图案，可以在产品包装或说明中添加文化解读，帮助国际消费者理解其含义。

### （二）拓展传播渠道，构建多元化传播网络

加强线上平台建设：利用互联网和数字技术，加强校园文创产品线上销售平台和传播渠道建设。建立专业的官方网站和电子商务平台，展示和销售校园文创产品，提供便捷的国际物流配送服务。同时，积极入驻国际知名的跨境电商平台，拓宽产品的国际销售渠道。利用社交媒体平台，进行文创产品的宣传和推广，发布精美的图片、有趣的视频和富有吸引力的文案，吸引国际用户关注。通过社交媒体与用户进行互动，了解用户需求，提高用户参与度和忠诚度。

拓展线下国际合作渠道：与国际文化机构、博物馆、艺术画廊等合作，举办校园文创产品展览和展销活动。参加国际文化创意产业展会，如巴黎国际艺术博览会、纽约国际礼品展等，展示校园文创产品的特色与魅力，扩大产品的国际影响力。在国际旅游景点、国际机场等场所设立校园文创产品销售点，方便国际游客购买。

### （三）创新营销模式，提升品牌国际影响力

打造国际化品牌形象：明确校园文创产品的品牌定位，塑造具有国际视野和文化特色的品牌形象。设计简洁、易记、富有文化内涵的品牌标识和口号，将品牌理念与校园文化特色相结合。加强品牌故事的挖掘和传播，通过讲述校园文创产品背后的文化故事、设计理念、制作工艺等，赋予品牌情感价值，增强品牌的吸引力和感染力。

开展跨界营销与合作：与国际知名品牌、IP、明星等开展跨界营销与合作，借助合作伙伴的品牌影响力和粉丝基础，提升校园文创产品的国际知名度。例如，与国际知名动漫IP合作，推出联名款校园文创产品；邀请国际明星担任校园文创产品的形象代言人。通过跨界合作，实现资源共享、优势互补，吸引更多国际消费者关注校园文创产品。

利用数字化营销手段：运用大数据分析、人工智能等数字化技术，精准定位国际目标客户群体，了解其消费需求和行为习惯，进行个性化的营销推广。开展线上直播带货活动，邀请国际网红、博主进行产品推荐和展示，提高产品的曝光度和销售量。利用虚拟现实（VR）、增强现实（AR）等技术，为国际消费者提供沉浸式的产品体验，增强消费者的购买欲望。

### （四）加强国际合作与交流，促进文化输出

高校国际合作项目：加强与国际高校的合作，开展文创产品设计、研发、生产等方面的合作项目。通过联合举办文创设计工作坊、学术研讨会等活动，促进中外高校师生之间的交流与合作，共同开发具有国际特色的校园文创产品。

文化交流活动参与：积极参与国际文化交流活动，如国际文化节、文化年等，将校园文创产品作为文化交流的重要内容进行展示和推广。在文化交流活动中，举办校园文创产品专题展览、文化讲座、互动体验等活动，向国际社会展示校园文化和本土文化的魅力。通过文化交流活动，增进国际社会对校园文创产品的了解和认可，促进文化输出。

在全球化视野下，校园文创产品作为文化输出的重要载体，具有广阔的发展前景和重要的现实意义。尽管当前校园文创产品在文化输出过程中面临着文化差异、品牌竞争力不足、传播渠道与营销模式单一等挑战，但通过创新产品设计、拓展传播渠道、创新营销模式、加强国际交流与合作等策略，能够有效提升校园文创产品的国际竞争力，实现更有效的文化输出。未来，随着全球文化交流的不断深入和文化创意产业的持续发展，校园文创产品将在文化输出中发挥更加重要的作用，为提升国家文化软实力、促进国际文化交流与合作作出更大贡献。

# 第十一章

# 实践工具箱

本章围绕校园文创产品开发提供全流程实用工具支持：第一节聚焦设计软件操作，涵盖 Photoshop（图像处理）、Illustrator/CorelDRAW（矢量设计）、Rhinoceros/SolidWorks（三维建模）及 KeyShot（渲染）等软件的基础功能、入门操作及校园文创应用案例，助力创意可视化与产品落地；第二节为供应商筛选评估表，从企业资质、产品设计、质量、价格、服务及交付能力六大维度设定量化评分标准（1~5 分），辅助筛选优质供应商；第三节为产品开发进度管控表，覆盖前期调研、设计规划、样品制作、批量生产、营销推广及售后反馈全流程，通过时间节点、责任人及进度状态跟踪，确保开发环节高效推进。三者协同为校园文创从创意设计到落地运营提供工具支撑。

# 第一节
# 常用设计软件操作指南

## 一、平面设计软件

### (一) Adobe Photoshop (PS)

基础功能概述：PS 是一款功能极为强大的图像编辑软件，在校园文创产品设计中应用广泛。其拥有丰富的图层、蒙版、通道等功能，能够实现对图像的精细处理，如图片合成、色彩调整、特效制作等。对于校园文创设计而言，可用于处理校园风景照片，将其融入文创产品背景中；也能对手绘的创意元素进行数字化加工，提升视觉效果。

操作基础入门：打开 PS 后，新建文档时需根据文创产品实际尺寸需求设置画布大小，如制作手机壳图案，一般手机壳设计尺寸在 1200×2400 像素左右，分辨率设为 300dpi。在图层操作上，学会新建、复制、删除图层，以及调整图层顺序和不透明度。使用画笔工具时，可在画笔预设中选择不同笔触效果，进行绘画或修饰。例如，要制作一张校园主题海报，先导入校园标志性建筑照片作为背景图层，新建图层后，利用画笔工具绘制一些创意元素，如代表学校特色活动的图标，通过调整图层混合模式，让元素与背景融合得更自然。

在校园文创设计中的应用案例：某高校设计校庆纪念T恤，运用PS将校徽、校庆主题文字与校园标志性景观照片进行合成，通过调整色彩、对比度和添加光影效果，使图案更加生动、富有层次感，最终呈现出极具纪念意义的T恤设计。

### （二）Adobe Illustrator（AI）

基础功能概述：AI是专业的矢量图形设计软件，在校园文创产品设计中，尤其适合绘制高精度的图形元素，如校徽、图标、插画等。其优势在于图形放大不失真，并且提供了丰富的绘图工具和形状编辑功能，方便设计师进行创意表达。

操作基础入门：启动AI后，同样先新建文档，再根据文创产品用途选择合适的文档设置，如制作宣传册，可选择A4纸尺寸，出血设置为3毫米。利用形状工具，如矩形、圆形、钢笔工具等绘制基本图形。钢笔工具可通过锚点和路径精确绘制任意形状，是绘制复杂图形的关键工具。例如绘制校徽，使用钢笔工具勾勒出校徽的轮廓，通过调整锚点的位置和方向，使线条更加流畅、准确。利用文字工具添加校名字体，并在字符面板中设置字体、字号、字间距等参数。

在校园文创设计中的应用案例：为校园书店设计书签，使用AI绘制具有校园风格的插画，如校园图书馆的外观、翻开的书籍等矢量图形，再添加简洁的文字说明，如“畅游知识海洋”，由于是矢量设计，书签在印刷时无论尺寸大小，都能保持清晰锐利的图像效果。

### （三）CorelDRAW

基础功能概述：CorelDRAW也是一款强大的矢量图形设计软件，具备广泛的绘图、排版和图形编辑功能，与AI类似，但在操作习惯和某些功能细节上有所不同，深受设计师喜爱。它能够高效地完成从图形设计到文档排版的一系列工作，适用于多种校园文创产品设计场景。

操作基础入门：新建文档时，可在文档属性中设置页面大小、方向、分辨率等。CorelDRAW 的绘图工具集中在工具箱中，如形状工具可以对绘制的图形进行节点编辑，实现图形变形。使用填充工具，能为图形填充纯色、渐变、图案等丰富效果。例如设计校园文化衫图案，先绘制主体图形，如学校的吉祥物，然后使用填充工具为其填充学校代表色的渐变效果，使其更具立体感。在文字排版方面，利用文本工具输入文字后，可在文本属性栏中设置字体格式，并通过段落文本功能进行多行文字排版，调整行距、缩进等参数。

在校园文创设计中的应用案例：制作校园活动宣传单页，运用 CorelDRAW 将校园活动的主题、时间、地点等文字信息与相关的校园场景矢量图进行合理排版，添加色彩搭配和装饰元素，使宣传单页既能清晰传达活动信息，又具有吸引力，有效吸引师生关注活动。

## 二、三维建模软件

### （一）犀牛（Rhinoceros）

基础功能概述：犀牛软件以其强大的曲面建模能力闻名，在校园文创产品设计中，适合创建具有复杂形状和流畅曲面的三维模型，如独特造型的校园纪念品、立体雕塑式的文创产品原型等。它提供了丰富的建模工具，能够精准地塑造各种形态，满足设计师对创意造型的追求。

操作基础入门：打开犀牛软件后，通过视图菜单调整工作视图，通常选择顶视图、前视图、侧视图等多视图协同操作，方便从不同角度观察和建模。利用曲线工具绘制基本曲线，如控制点曲线、圆弧等，这些曲线是构建三维模型的基础。例如要创建一个校园钟楼的三维模型，先在顶视图中用曲线工具勾勒出钟楼底部的轮廓曲线，再切换到前视图和侧视图，通过拉伸、旋转等操作将曲线转化为三维形状。使用曲面工具，如放样、扫掠等，可根据已绘制的曲线生成光滑的曲面。在建模过程中，利用捕捉功能确保模型的尺寸和位置精确。

在校园文创设计中的应用案例：设计一款校园主题的 3D 打印摆件，使用犀牛软件创建校园标志性建筑的三维模型，通过细腻的曲面建模展现建筑的独特外观，如哥特式风格的教学楼，精确还原其复杂的尖顶和雕花细节，导出模型文件后可用于3D打印制作成实物文创产品。

### （二）SolidWorks

基础功能概述：SolidWorks是一款专业的三维机械设计软件，虽然侧重于机械领域，但在校园文创产品设计中，对于需要考虑结构和功能性的文创产品建模非常有用，如带有机械结构的创意文具、校园科技主题的互动展品模型等。它具备参数化设计功能，方便设计师对模型进行修改和优化。

操作基础入门：新建零件文件后，在草图环境中绘制二维草图，利用草图工具，如直线、圆、矩形等绘制模型的基本轮廓。例如设计一个可折叠的校园主题书签，在草图中绘制书签展开和折叠状态下的形状。绘制完成后，通过拉伸、旋转、切除等特征操作，将二维草图转化为三维实体。在建模过程中，可以添加尺寸约束和几何约束，确保模型的尺寸和形状符合设计要求。例如，为书签的折叠结构添加旋转约束，使其能够按照设计意图灵活转动。SolidWorks还支持装配体设计，若文创产品由多个零部件组成，可在装配体环境中进行组装，模拟产品的实际使用状态。

在校园文创设计中的应用案例：设计一款校园机器人主题的创意闹钟，使用SolidWorks创建闹钟各零部件的三维模型，包括机器人的身体、手臂、表盘等，通过装配体设计将各个部件组装在一起，确保闹钟的机械结构能够正常运转，同时对模型进行外观优化，使其具有科技感和校园特色，最终可用于生产制造或作为创意展示。

## 三、渲染软件

KeyShot，基础功能概述：KeyShot是一款专业的实时渲染软件，在校园文创产品设计流程中起着关键作用，能够将三维模型转化为逼真的效果图，展示产品的材质、光影和质感，让设计更加直观、生动。它支持多种文件格式导入，与常见的三维建模软件兼容性良好。

操作基础入门：打开 KeyShot 后，导入已创建好的三维模型文件，如犀牛或 SolidWorks 制作的模型。在材质库中选择合适的材质赋予模型各个部件，材质库包含了金属、塑料、木材、玻璃等常见材质类型，并且可以对材质的颜色、粗糙度、反射率等参数进行调整。例如为校园金属雕塑模型选择青铜材质，并调整其颜色和光泽度，使其更具古朴质感。利用灯光工具设置场景灯光，可选择预设的灯光场景，也可自定义灯光的位置、强度、颜色等参数，营造出不同的光影效果。在渲染设置中，根据需求调整分辨率、抗锯齿等参数，最后点击渲染按钮，即可生成高质量的渲染效果图。

在校园文创设计中的应用案例：对于一款设计好的校园主题 3D 打印灯具，使用 KeyShot 进行渲染。为灯具的灯罩赋予透明塑料材质，灯座赋予金属材质，通过灯光设置模拟真实的照明效果，渲染出灯具在不同环境下的效果图，展示其在校园室内外场景中的照明和装饰效果，为产品宣传和推广提供精美的视觉素材。

# 第二节 供应商筛选评估表

校园文创产品供应商筛选评估表

| 评估维度 | 评估指标 | 评分标准（1~5 分） | 权重 | 得分 | 备注 |
|---|---|---|---|---|---|
| 企业资质（15%） | 营业执照、经营许可证等证件齐全性与有效性 | 证件齐全且在有效期内得 5 分；存在部分过期证件得 3 分；证件缺失严重得 1 分 | 5% | | |
| | 企业成立年限与行业经验 | 成立 5 年以上且专注文创行业得 5 分；3~5 年得 3 分；3 年以下得 1 分 | 5% | | |
| | 信用评级与企业信誉 | 信用评级 AAA 级得 5 分；AA 级得 3 分；A 级及以下得 1 分 | 5% | | |
| 产品设计（25%） | 设计风格与校园文化契合度 | 深度融合校园特色元素，风格独特得 5 分；有一定融合但特色不突出得 3 分；基本无融合得 1 分 | 10% | | |
| | 创新性与市场竞争力 | 设计新颖，具备市场竞争力得 5 分；中规中矩得 3 分；缺乏创新得 1 分 | 10% | | |
| | 产品线丰富度 | 涵盖文具、饰品、服饰等多品类得 5 分；品类较少得 3 分；单一品类得 1 分 | 5% | | |

续表

| 评估维度 | 评估指标 | 评分标准（1~5分） | 权重 | 得分 | 备注 |
| --- | --- | --- | --- | --- | --- |
| 产品质量（20%） | 原材料环保与安全性 | 使用环保安全材料，有相关检测报告得5分；部分材料达标得3分；无检测报告得1分 | 10% | | |
| | 生产工艺与产品耐用性 | 工艺精湛，产品耐用得5分；工艺一般得3分；质量较差得1分 | 10% | | |
| 价格与成本（15%） | 产品定价合理性 | 价格符合市场行情，性价比高得5分；价格偏高得3分；价格过高得1分 | 10% | | |
| | 批量采购优惠政策 | 批量采购折扣力度大得5分；有一定折扣得3分；无优惠得1分 | 5% | | |
| 服务能力（15%） | 定制化服务能力 | 可满足个性化定制需求，响应迅速得5分；仅提供基础定制得3分；不支持定制得1分 | 10% | | |
| | 售后服务质量 | 退换货政策完善，售后响应及时得5分；售后一般得3分；售后差得1分 | 5% | | |
| 生产与交付能力（10%） | 生产周期与交货准时率 | 生产周期短，交货准时率高得5分；存在一定延迟得3分；经常延迟得1分 | 5% | | |
| | 产能规模 | 产能充足，可满足批量需求得5分；产能有限得3分；产能不足得1分 | 5% | | |
| 总分 | | | 100% | | |

使用说明：

1. 每个评估指标根据实际情况进行打分，满分为5分，最低为1分。
2. 得分=各指标评分×对应权重，最后汇总得出总分。

可根据供应商总分高低进行排序筛选，建议优先选择总分80分及以上的供应商。

# 第三节

# 产品开发进度管控表

**校园文创产品开发进度管控表**

| 序号 | 开发阶段 | 关键任务 | 计划开始时间 | 计划完成时间 | 实际开始时间 | 实际完成时间 | 进度状态（超前/正常/延迟） | 责任人 | 延迟原因（若有） | 解决方案（若有） | 备注 |
|---|---|---|---|---|---|---|---|---|---|---|---|
| 1 | 前期调研 | 校园文化元素挖掘与分析 | | | | | | | | | |
| | | 目标用户需求调研 | | | | | | | | | |
| | | 市场竞品分析 | | | | | | | | | |
| 2 | 设计规划 | 文创产品品类确定 | | | | | | | | | |
| | | 设计方案初稿创作 | | | | | | | | | |
| | | 内部方案评审与修改 | | | | | | | | | |
| 3 | 样品制作 | 寻找合适供应商 | | | | | | | | | |
| | | 样品打样 | | | | | | | | | |
| | | 样品质量检验与反馈 | | | | | | | | | |

续表

| 序号 | 开发阶段 | 关键任务 | 计划开始时间 | 计划完成时间 | 实际开始时间 | 实际完成时间 | 进度状态（超前/正常/延迟） | 责任人 | 延迟原因（若有） | 解决方案（若有） | 备注 |
|---|---|---|---|---|---|---|---|---|---|---|---|
| 4 | 批量生产 | 签订生产合同 | | | | | | | | | |
| | | 生产进度跟踪 | | | | | | | | | |
| | | 成品质量抽检 | | | | | | | | | |
| 5 | 营销推广 | 制订营销方案 | | | | | | | | | |
| | | 宣传物料制作 | | | | | | | | | |
| | | 线上线下推广活动执行 | | | | | | | | | |
| 6 | 售后反馈 | 用户使用反馈收集 | | | | | | | | | |
| | | 产品改进优化 | | | | | | | | | |

使用说明：

1. 各阶段任务需按实际开发流程填写具体时间与责任人；
2. 每周/每两周更新一次实际进度相关内容，同步标注进度状态；
3. 若出现延迟情况，需详细记录延迟原因，并及时制定解决方案；
4. 备注栏可填写特殊情况说明、重要事项提醒等内容。